Comprendiendo al Sistema: Mirada al Poder Legislativo venezolano

Gustavo M. Sayago

Tabla de Contenidos

Tablas y Figuras

A mi esposa Emérita y mis hijos Gustavo y Elena. Los amo.

PRÓLOGO

Cuando comencé a estudiar la carrera de Derecho se hicieron comunes las charlas y debates con compañeros y amigos de escuela, con otros jóvenes universitarios que -supongo que movidos por el espíritu juvenil de cambios- en conjunto exponíamos nuestras inconformidades con aquel presente político, sobre todo el venezolano, para aquellos momentos ya Hugo Chávez iba por su segundo mandato en la Presidencia de la República y acababa de sufrir la derrota electoral por el Referéndum sobre la Reforma Constitucional a la Carta Magna que él mismo promovió desde que llegó al poder en 1998.

Así que, para nosotros era inevitable entrar en discusión sobre nuestras críticas al sistema político venezolano, sobre su impacto en nuestra realidad sociopolítica, su pertinencia desde nuestras perspectivas de país y, además, llegamos a conversar sobre la posibilidad de una migración de sistema político, es decir, pensar en el desmontaje del sistema presidencial para asumir un modelo inspirado en el parlamentarismo.

Siendo uno muy joven, se tiende dar fuerza a ideas que se creen puras y carentes de vicios, no es muy difícil criticar el sistema que se vive, el que es aunque uno no quiera, incluso podemos encontrarnos con muchas ideas que refieren a un deber ser, con el que tratamos de saciar las inconformidades con la realidad social, política o económica, por solo decir algunas. De manera que, así como se van conociendo las ideologías durante los primeros años de universidad, me quedó una inquietud desde aquellos días ¿Se puede descartar un sistema vigente? ¿Es posible implementar con éxito algún ideal de cómo creemos deben ser las instituciones?

En consecuencia, después de haber terminado mi carrera de universidad, movido por aquella inquietud, decidí seguir mis estudios de maestría en Ciencias Políticas para estudiar con detenimiento las bases teóricas, las características y comparaciones entre el presidencialismo y el parlamentarismo, revisar cuáles contrapropuesta frente a aquellas ideas liberalizadoras de la ilustración, que permitiría o garantizaría cuotas de poder para aquellas familias nobles que llegaron a detentar el poderío de la monarquía absoluta que define gran parte de la historia de las formas monárquicas de gobierno.

De tal manera, los derechos que surgieron con la organización misma de la sociedad por parte del Estado no eran para todos, pues ¿Quién más poderoso que el soberano? Sin poder no se gozan los derechos: bajo esta concepción se llevó a cabo la fuerte lucha por controlar el poder del monarca, de modo que, con tales controles pudieran evitar sus potenciales abusos, como las posiciones de los entes monárquicos defendieron la naturaleza del poder del rey frente al hombre terrenal.

En la versión constitucional de la monarquía el soberano es el rey, por ende, el ejercicio de soberanía no reposa en una representación nacional, entonces, la responsabilidad política consigue variantes de acuerdo con lo establecido en el pacto constitucional aceptado por las partes, lo entendemos con Lario (1999), al decir que:

Si los ingleses denominaron Monarquía Constitucional a la Monarquía desde el momento que asimiló la separación de poderes, es decir tras el derrocamiento de la Monarquía absoluta, cuando el Rey se vio obligado a respetar el Bill of Rights y todas las leyes o costumbres que limitan su poder, en el continente el término de «Monarquía Constitucional» vino a significar algo mucho más concreto, un modelo específico, que fue el que definieron los alemanes desde principios del XIX como reacción tanto al proceso revolucionario, con el predominio de las Asambleas, como al modelo parlamentario por el que los liberales más moderados aceptaron, adaptándolo, los avances del constitucionalismo liberal; de este modo, denunciaron los teóricos alemanes, estos llamados en Francia doctrinarios colocaban a la representación nacional al mismo nivel que la Monarquía por medio de esa nueva institución que era el Gobierno, y que parecía moderar el proceso revolucionario, pero que, según su punto de vista, lo hacía triunfar definitivamente (p. 278).

Con el tiempo, el elemento de la representación introdujo un nuevo elemento mediante el cual no solo se ejerce el poder, sino que se controla, independientemente de quién sea el titular de la soberanía. Con esto, queda en evidencia que el proceso de formación de las instituciones representativas deriva de una larga lucha de poder.

En contraste, América Latina careció de la experiencia parlamentaria con la que contó la Europa occidental, es decir, la forma parlamentaria que devino de la monarquía no pudo salir de sus fronteras aun estalladas las revoluciones francesa y norteamericana debido a la fortaleza de las coronas europeas, de manera que fueron los norteamericanos quienes definieron el modelo que seguiría Latinoamérica en su definitiva forma republicana de gobierno.

A diferencia de las formas monárquicas, la republicana consiste en el desarrollo de la soberanía del pueblo, con lo que se quiere decir que las instituciones del Estado emanan de la voluntad popular, independientemente del estilo o forma con la que se delimite el ejercicio del poder. En este sentido, la república se sostiene fundamentalmente en el imperio de la ley, que recoge sus principios en la evolución de los derechos individuales del hombre y en los contrapesos de poder que están destinados a garantizar la estabilidad del Estado de derecho.

Es oportuno poner sobre la mesa una acepción clásica como la de Platón (citado por Bobbio, 1992), quien definió a la república bajo una concepción ideal de gobierno *"que tiene como fin la realización de la justicia entendida como la atribución a cada cual de la tarea que le compete de acuerdo con las propias aptitudes. Esta República es una composición armónica y ordenada en tres clases de hombres: los gobernantes-filósofos, los guerreros, y los que se dedican a los trabajos productivos"* (p. 21). Sin embargo, es de advertir que esta definición proviene de una aspiración del Estado ideal, es decir, aquel, aunque no existe se aspira llegar a concretar.

Siguiendo estas últimas líneas, también gozan de validez aquellas definiciones que describan características que no sigan necesariamente un patrón de lo que se quiere sino de lo que se tiene, así que, a efectos de la concepción del Estado moderno. Así nos sirve como primer ejemplo de organización distinta de las monarquías, el proceso de independencia de las trece colonias de América del Norte (1776-1789).

Una vez obtenida la independencia de las coronas europeas, el gobierno de tipo republicano se erigió como una forma novedosa respecto de visión europea, con la cual se concibe el poder compartido bajo la responsabilidad de varios actores en la escena institucional y se caracteriza inicialmente por abandonar definitivamente las formas absolutistas de autoridad.

Para ilustrar, nos valemos de la clasificación de los sistemas que provienen de formas republicanas de gobierno realizada por Planas (1997), quien sostuvo que:

La asociación entre la «forma de gobierno» republicano (presidencial, directorial o parlamentaria) y la organización territorial o «forma del Estado» (federal o unitaria), ha producido las siguientes constituciones:

a-) La República Presidencial en un Estado federal, que establece la Presidencia de la República como jefatura de gobierno federal y jefatura de toda la unión;

b-) La República Presidencial en un Estado unitario, establecida en América Latina como copia parcial del modelo estadounidense, en este caso Latinoamérica no asume de primer momento el sistema presidencial, sino la República como opción para romper con la forma monárquica. Sin embargo, tras algunos intentos fallidos de establecer Ejecutivos colegiados, terminó asentándose el Poder Ejecutivo unipersonal con poderes plenamente conferidos al Presidente de la República, lo cual fue posible gracias a una estructura territorial fuertemente delimitada y sin presencia de gobiernos descentralizados;

c-) La República Directorial en un Estado confederado, dentro del cual el Ejecutivo colegiado favorece la representatividad de los cantones-miembros (Suiza), lo que permite fortalecer un gobierno colegiado que garantiza unidad y continuidad estatal estable;

d-) La República Parlamentaria en un Estado unitario, con la que se rompe la tradición de la que se concluye que el régimen parlamentario es una derivación de la monarquía, con el nacimiento de este estilo en Francia se estableció el nacimiento de la responsabilidad solidaria de los Ministros y la elección parlamentaria del Presidente de la República;

e-) La República Semiparlamentaria en un Estado federal, que experimenta la República de Weimar alemana. Esta fórmula provee de atribuciones especiales a un Presidente del Reich electo por voto popular, quien representa o simboliza la unidad de la federación (los Länder en el caso alemán) actuando como árbitro entre los Poderes (pp. 37-38).

A través de esta clasificación queda en evidencia que de la forma republicana de gobierno surgen dos bases sistemáticas, que a diferencia de la forma monárquica, ofrece la posibilidad de que aquel que ejerza el poder ejecutivo obtenga su legitimidad de una pluralidad de personas en nombre de quienes hace uso de la soberanía, valga entonces el presidencialismo y el parlamentarismo.

Asimismo, el desarrollo de la acepción moderna de república está relacionado con la democracia que, siendo concebida en principio por los griegos, no era muy estimada entonces, pues en su aparición dentro la literatura política clásica se le tuvo como una derivación para unos y una degeneración para otros respecto de las formas del poder, hoy es difícil pensar en lo último sin la idea de democracia.

Las formas y los sistemas de gobierno a la luz de las teorías de los pensadores modernos

Los pensadores modernos han hallado en conceptos como el de democracia una nueva dimensión de los sistemas políticos, pues, además de atender a los elementos propios del ejercicio del poder resulta importante el estudio de la relación de ese ejercicio de poder con el consentimiento de los gobernados.

De manera que, la democracia se estableció como un tipo de gobierno que debe gozar del imperio de la ley, es decir, con una herramienta que pueda garantizar el ejercicio activo y pasivo del poder, tanto del ciudadano elegible como del ciudadano elector, con lo cual se desprenden los derechos fundamentales como el derecho de libertad de opinión, de reunión, de asociación, en definitiva, con los que se establecieron las bases del Estado de Derecho.

En este sentido, Bobbio (1986) sostuvo que la democracia debe ser entendida bajo la determinación de un conjunto de reglas primarias o fundamentales con las que se define quién está autorizado para tomar las decisiones colectivas e identifica sus procedimientos. Se trata pues, que aquellas decisiones sean reglamentadas para que puedan ser entendidas y reconocidas por el cuerpo social, es decir, que gocen de legitimidad (p. 14).

Además, para Bobbio (1986) la democracia no debe ser ilustrada literalmente como la forma de gobierno en la que *"todos"* quedan ampliamente identificados en el proceso de toma de decisiones, por lo cual, se requiere un sistema que permita reglamentar el ejercicio del poder, de modo que aquellas tomas de decisiones puedan salvaguardarse del abuso del ejercicio del poder. De manera que:

(...) con el objeto de que una decisión tomada por individuos (uno, pocos, muchos, todos) pueda ser aceptada como una decisión colectiva, es necesario que sea tomada con base en reglas (no importa si son escritas o

consuetudinarias) que establece quiénes son los individuos autorizados a tomar las decisiones obligatorias para todos los miembros del grupo, y con qué procedimientos (p. 14).

Igualmente, Planas (1997) mantuvo que la democracia es lo que ya Maurice Hauriou (1927) denominaba régimen constitucional, entendiendo por tal una forma de Estado que tiene por fin establecer un equilibrio fundamental favorable a la libertad, mediante una organización constitucional formal y sistemática, que encarne la limitación y regulación del poder (p. 53).

Siguiendo este orden de ideas, la sociedad en la que establece bases todo gobierno democrático es, en esencia, pluralista, dada la proliferación de grupos que ejercen su influencia atendiendo a sus propios intereses, al menos como punto de partida de la concepción del Estado constitucional.

De esta idea parten las teorías de representación, sobre la que se ha señalado discusiones que estudian su naturaleza respecto de la soberanía nacional, por tanto, una vez el individuo es elegido como representante a través de aquellos grupos intermedios, tal sujeto podría dejar de representarse a sí mismo o al grupo singularmente considerado para representar un órgano nacional como institución del Estado.

A propósito, Sartori (1999) desarrolló el concepto de la representación, fundamentalmente en cuanto a la relación que existe entre la representación *per se* y el enfoque político moderno. En este sentido, el período que le sigue a la Revolución Francesa (1789-1815) aportó un sentido de la representación vinculado con la soberanía nacional, mediante el cual la personificación de la representación política reside en el cuerpo deliberante, es decir, el parlamento.

De manera que, los grupos que eventualmente hayan llevado a una persona a ocupar circunstancialmente algún escaño o curul no son más que un canal que permite acceder al cuerpo representativo. En consecuencia, las formas de gobierno allanan el terreno en el cual cada experiencia dota a las instituciones de cada Estado en un modelo que construye su ingeniería constitucional, es decir, el régimen y el sistema político.

Así, resulta oportuna la aclaración de Xifra Heras (citado por Planas, 1997), al decir que *"el régimen político alude a concepciones ideológicas e instituciones comunes (como la democracia), mientras que el sistema político integra las fuerzas políticas y la configuración jurídica y constitucional, como sería el caso del sistema presidencial o parlamentario"* (p. 45).

En efecto, la composición sistemática que se deriva de la democracia constitucional sirve para poder definir lo concerniente al parlamentarismo y al presidencialismo, de modo que, bien sea partiendo de formas monárquicas o republicanas, se puedan extraer las características esenciales de la estructura constitucional reflejada en cada diseño institucional.

Parlamentarismo

De acuerdo con Planas (1997), la comprensión del parlamentarismo debe partir de dos bases de análisis, comenzando por las estructuras de poder sobre las que se edifica este sistema político; en segundo lugar, se toman en cuenta las relaciones entre el Ejecutivo y el Legislativo, que a la postre señalarán la *"esencia de la estructura de poder gubernamental"* (p. 59).

La voz *"parlamento"* surge en la Europa del siglo XII, al reconocerse en las voces francesas e inglesas casi simultáneamente, como *parlement* y *parliament* respectivamente. Igualmente, podemos entender al parlamento como *"órgano de representación política por excelencia compuesto por diputados y senadores en el sistema bicameral y representantes o congresistas en el sistema unicameral, surgidos —al menos en los regímenes democráticos— de unas elecciones con sufragio universal, directo y secreto"* (Escuela de Formación Integral de la Asamblea Nacional "Dr. Carlos Escarrá Malavé", 2015).

Por su parte, Sartori (citado por Planas, 1997), afirmó que *"la palabra «parlamentarismo» no designa a un solo sistema. Si el funcionamiento de los sistemas parlamentarios es en realidad diferente, se debe a que se vinculan con clases muy distintas de relaciones entre el Ejecutivo y el Legislativo, de los que son a la vez resultado"* (p. 60).

En todo caso, el parlamento hizo por primera vez su aparición como un órgano fuera del Estado y en la medida que fue ganando terreno e influencia frente al monarca se fue transformando en un órgano propio del Estado. Entendiendo esta evolución institucional del parlamento, es innegable observar que con ella se han desarrollado las diferentes teorías de representación, por aquello de que así como el parlamento representa a los representados (el pueblo), también representa efectivamente al Estado.

De allí que, Sartori estableció que, durante su evolución, el parlamento rompió con su acepción unívoca propia a su rol incipiente de representación de los súbditos ante el Estado, su función principal fue protegerse del cobro indiscriminado de impuestos efectuados por el monarca y, consecuencialmente, conquistó su puesto para posteriormente dar media vuelta ante los representados y declararse como representante del Estado.

En esta parte, se puede decir que el parlamentarismo es el resultado de siglos de luchas políticas, por ejemplo, entre los ingleses para lograr controlar el dominio absoluto que ejerció el rey sobre sus súbditos. Siguiendo a Planas (1997), luego de la Revolución Gloriosa inglesa los parlamentarios pudieron adquirir cualidades institucionales de control político a través del gabinete y, con ellas, la posterior aparición de la figura del Primer Ministro (p. 149).

Ahora bien, el sistema parlamentario de gobierno se identifica reconociendo quién es el Jefe de Gobierno y cómo se designa. Al respecto, Planas (1997) expuso que si el Jefe de Gobierno surge de elección, designación o voto del parlamento, se halla en un régimen de estructura básicamente parlamentaria (p. 60). Este sistema se caracteriza esencialmente por la igualdad entre el Ejecutivo y el Legislativo, dada la estrecha colaboración con la que trabajan y la reciprocidad de acción de cada uno de los poderes frente al otro.

Liphart (citado por Planas, 1997) propuso que, *"en un sistema parlamentario, el Jefe de Gobierno y su gabinete son responsables ante el Legislativo, en tanto dependen de su confianza y pueden ser revocados si éste emite un voto de no confianza, mientras que, en similar circunstancia, en un sistema presidencial el Jefe de Gobierno no puede ser obligado a dimitir. Es decir, el sistema presidencial se sustenta en la separación de los poderes Ejecutivo y Legislativo, mientras que el sistema parlamentario se sustenta en la fusión de ambos"* (p. 61).

De tal manera que, el parlamentarismo se distingue de otros sistemas principalmente en torno a la relación de coordinación de poderes entre el Ejecutivo y el Legislativo bajo mecanismos de control basados en la confianza, sin la cual se hace imposible el goce de estabilidad del gobierno, es decir, que llegada una situación de desconfianza del cuerpo parlamentario hacia el jefe de gobierno se acarrearía la disolución del parlamento y, en consecuencia, se procedería a la convocatoria a nuevas elecciones en las que será la voluntad del pueblo la que decida, en general, qué grupo político representa mejor la confianza popular, por medio de mayoría parlamentaria para formar gobierno.

Desde otra perspectiva, Sartori (1999) sostuvo que los parlamentos no deben transmitir exclusivamente una voluntad que emana del pueblo, también se sustentan en la actividad formal de los parlamentarios pues ellos *"deben darle forma, y la forma transforma"* (p. 211). Dado que los parlamentarios más allá de representar, deben hacer, de modo que el parlamentario tiene en sus manos la tarea de conjugar la función parlamentaria-legislativa con la funcionalidad política.

Así, como los cuerpos legislativos se conforman por parlamentarios, es comprensible que se entienda que su actividad principal es la de legislar, en función de ello, Sartori (1999) estableció que los parlamentarios tienen competencias legislativas fundadas en razones que van más allá de sus pretendidas cualidades de idoneidad para crear leyes, es decir, son legisladores porque tienen el poder conferido de aprobar o rechazar una legislación. Por tanto, el parlamento a través de sus integrantes asumió el *"control de la ley"* por razones distintas a las que se conocen en los parlamentos de la modernidad.

Más bien, desde su concepción, el parlamento se fundamentó como una institución que trataba de ejercer control sobre el rey (inglés), además del cobro de impuestos, en el nombramiento de los jueces, lo que explica que los estamentos del incipiente parlamentarismo conquistarían —en paralelo al control político— el control judicial (p. 219).

Se puede decir que, según lo que estableció Sartori (1999) en sus *Elementos de Teoría Política*, el rol del parlamentario es el que define la naturaleza de la institución según sea su capacidad de convivir en una segmentación heterogénea de la que a pesar de hallarse rivalidades partidistas e incluso diferencias ideológicas se logra, al menos en menor medida gozar de una estabilidad institucional, en otras palabras, esta convivencia genera un sistema de roles sui generis (p. 212).

En este orden de ideas, cabe resaltar la importancia que ha conquistado el propio sistema de partidos, pues ellos toman una considerable relevancia dado que, según Sartori (1999), se encuentran situados a medio camino entre el país y el gobierno, que a la postre le da una significación a este fenómeno denominándolo *"partidocracia"*, dado que esta situación se entiende como un control disciplinario del partido sobre el grupo parlamentario que se va transformando en un sustituto de la separación de poderes (p. 218).

Entonces, como generalmente se piensa que la función legislativa del parlamento consiste en la creación de leyes, vale la pena mencionar de Sartori (1999) estos cinco puntos con los que nos invita a dar una mirada completa a este respecto:

a-) cuando los parlamentos asumieron la competencia legislativa, se entendía por «ley» una cosa totalmente distinta de la que se entiende hoy;

b-) la facultad de «crear las leyes» no equivalía de hecho a la facultad de «crear el derecho»;

c-) incluso concibiendo de un modo limitado a la lex, los parlamentos no se convirtieron en Cuerpos Legislativos para hacer leyes continuamente, produciendo una inflación en la esfera de la ley, sino, por el contrario, para impedir al monarca que hiciera y deshiciera leyes a su arbitrio;

d-) el sentido originario de todo el edificio constitucional al que todavía hoy nos referimos es el de impedir la arbitrariedad en la creación de la ley;

e-) y, por lo tanto, por esta vía, llegar concretamente a un estado de derecho en el que los gobernantes estuvieran sometidos a las leyes (p. 221).

En este sentido, vemos que el parlamento no tiene por objetivo ser un aparato de creador de leyes, pues según el planteamiento de Sartori, a través del parlamento transitan los proyectos legislativos, de modo que su trabajo fundamental consiste en aprobar —o desaprobar— las leyes. De allí se concluye que, la esencia de la *"capacidad legisladora"* del parlamento no es más que controlar la ley, por tanto, escapa de aquel la exclusividad de la *"creación de la ley"*.

De manera que, lo que se refiere a control de la ley en manos del parlamento se traduce en control político del gobierno, es decir, el ejercicio de controlar la dirección política del quien encabeza el Ejecutivo. Así, el rol que cumplan los parlamentarios tiene mucho que ver con la efectiva acción controladora del Poder

Legislativo, pues, la claridad que posee el individuo se define su actividad parlamentaria, que en la actualidad está basada en la expectativa sobrecargada de legislar respecto de la tarea de controlar la actividad gubernamental como primer orden de prioridades.

Vale decir que, si un determinado parlamento se enfoca primordialmente en una función eminentemente legislativa corre el riesgo de estancarse en esta tarea, en el sobrepeso legislativo, por tanto, queda notablemente debilitado frente a su capacidad real de ejercicio de control político del gobierno, en consecuencia, de poder real para imponer una agenda parlamentaria propia.

Volviendo a la premisa de sistema de roles propuesta por Sartori (1999), el parlamento está compuesto como un *"subsistema"* que se completa con tres funciones: *a-) función representativa; b-) función de control legislativo; c-) función de control político*. De esta idea, el autor sugiere que el buen trabajo de un parlamento depende de una buena elección, ya sea tratándose del electorado o de la configuración del gabinete, según sea el caso (p. 228).

Lo cierto es que, a través de su evolución, el parlamento y su influencia para gobernar ha logrado darle sentido a la función política que pesa sobre sus integrantes, por cuanto su origen se relaciona con el control político que inicialmente surgió para limitar al monarca y más tarde a quien ejerce la función ejecutiva. Empero, mientras que el sistema parlamentario pone su primera ficha de manejo del poder en un cuerpo colegiado llamado parlamento, la alternativa presidencial halla su punto de partida en el sujeto que ejerce el Poder Ejecutivo.

Presidencialismo

Este sistema hizo su aparición durante los procesos independentistas del continente americano, el cual, desde la propia independencia de las coronas europeas se abandonó la forma monárquica de gobierno. El presidencialismo se estableció como una estructura en la que inicialmente el poder es ejercido unipersonalmente, pero, a diferencia de las formas monárquicas, el origen de ese poder suele derivar de la voluntad colectiva por medio del sufragio y no de alguna energía divina o dinastía hereditaria.

Para ilustrarnos, Biscaretti di Ruffia (citado por Carpizo, 2006) cuenta brevemente el origen del presidencialismo, pues:

De manera completamente casual nació la nueva forma presidencial, sin ignorarse que los constituyentes de Filadelfia deseaban alejarse, en parte, del sistema monárquico inglés; no obstante, que naturalmente los haya influido, porque lo conocían bien. Lo «casual» se encuentra en que los constituyentes estadounidenses buscaban crear un Ejecutivo electo periódicamente por el pueblo (p. 104).

Planas (1997) expuso que uno de los elementos definitorios de este sistema se halla cuando el jefe de gobierno es elegido por votación popular (directa o indirecta) en simultáneo con los miembros del Congreso, se halla ante un principio de separación de poderes (Legislativo-Gobierno) que a su vez forma parte de la estructura presidencial (p. 60).

Asimismo, con el fin de diferenciar el sistema presidencial de los otros regímenes de gobierno, Sartori definió tres elementos que le son propios:

a-) El Jefe de Estado es electo popularmente; b-) El Jefe de Estado no puede ser despedido por una votación del parlamento o congreso durante un período preestablecido, y; c-) El Jefe de Estado encabeza o dirige el gobierno que designa. De modo que, si se cumplen estas características se puede determinar que se trata de un presidencialismo «puro» (p. 70).

Sirviéndonos de Duverger (1988), también vemos que el sistema presidencial se distingue del régimen parlamentario desde tres puntos de vista esenciales:

En primer lugar, el Ejecutivo no está dividido en dos elementos separados, Jefe de Estado y gabinete, que a su vez está bajo la autoridad del Jefe de Gobierno; El Presidente es a la vez Jefe de Estado y Jefe del Gobierno y ejerce efectivamente sus poderes; Los ministros no tienen autoridad política propia: son los dirigentes administrativos de sus departamentos ministeriales y los consejeros y colaboradores del Presidente en el plano gubernamental. No forman en conjunto un órgano colectivo (p. 150).

Por su parte, vale destacar la visión acuñada por Joseph LaPalombara (citado por Carpizo, 2006), quien agregó otros elementos definidores escribiendo que:

En el sistema presidencial; a-) El Presidente, quien es el Jefe de Estado y de Gobierno a la vez, es independiente del Poder Legislativo y, por tanto, no depende mayor ni continuamente de éste para su existencia o sobrevivencia; b-) Los Poderes Legislativo y Ejecutivo son independientes: el primero no está obligado a aprobar los proyectos de ley que provienen del Ejecutivo, pero éste puede vetar los proyectos de leyes del Congreso; c-) El Presidente tiene la facultad de realizar nombramientos; d-) El Ejecutivo puede apelar directamente al pueblo a través de plebiscitos y referendos; e-) El Legislativo puede juzgar y remover al Presidente; f-) Éste posee facultades para designar a los miembros del gabinete, para presentar iniciativas de ley para preparar el presupuesto; g-) El pueblo elige al Presidente y espera que sea su líder (p. 91).

Sin embargo, para LaPalombara el sistema presidencial no se aplica rígidamente en todos los países que adoptan este régimen, es decir, basándose en las experiencias propias de las prácticas políticas, los elementos se emplean o no se usan dentro de una cultura política nacional específica. Por tanto, es posible encontrar en algunos presidencialismos latinoamericanos variables del parlamentarismo como el Consejo de Ministros o el Voto de Censura del Congreso, con lo que se ha perdido, si alguna vez lo hubo, el purismo conceptual del presidencialismo.

En efecto, la aseveración de Valadés (2008) resulta pertinente, cuando dijo que ya no existen los sistemas puros, al menos si se trata sobre la esencia del presidencialismo e incluso hablando de parlamentarismo. Exceptuando el presidencialismo de Estados Unidos o el parlamentarismo de la Gran Bretaña, ya no se cuenta con modelos imperturbables o ajenos al *"constitucionalismo contemporáneo"* (pp. 3-4).

Por otra parte, Valadés resalta con énfasis la legitimidad que otorga el sufragio tanto al parlamentario como al Presidente, de modo que, más allá de las funciones propias que por medio de las constituciones se otorgan bien al Legislativo o al Ejecutivo, estos no quedan facultados para suprimir exclusivamente al otro órgano del Estado, pues, los períodos para los cuales se eligen los parlamentarios o el Presidente son fijos, por tanto, ninguno de estos poderes puede modificar el período de mandato del otro; además, ambos poderes están dotados a controles mutuos de acuerdo a cada caso nacional.

Si atendemos un purismo sistemático, el Presidente es responsable políticamente sólo ante el pueblo, es decir, ante los electores, aun cuando el congreso cuente con la posibilidad de ejercer control político sobre el Ejecutivo, aquel puede accionarlo solo frente a los ministros, individual o solidariamente responsables ante el parlamento.

Sin embargo, dentro de la diversidad institucional latinoamericana algunas constituciones establecen la figura del juicio político o *"impeachment"*, mediante el cual un ciudadano que esté ejerciendo la Presidencia de la República puede quedar separado del cargo antes de que finalice su período de mandato, generalmente las constituciones establecen este tipo de mecanismos para casos penales o cuasi penales, es decir que, son casos especiales que requieren el concurso del Poder Legislativo y el Poder Judicial y deben cumplir ciertas condiciones.

Podemos usar como ejemplo el presidencialismo brasileño, en el que se establece la aplicación del *"impeachment"* contra el Presidente cuando tal funcionario esté involucrado en actos que la Constitución brasileña define como delitos de responsabilidad del Presidente de la República, cuando tales atentan contra la propia Constitución y contra:

La existencia de la Unión; el libre ejercicio del Poder Legislativo, del Poder Judicial, del Ministerio Público y de los Poderes constitucionales de las unidades de la Federación; el ejercicio de los derechos políticos, individuales y sociales; la seguridad interna del País; la probidad en la Administración; la ley presupuestaria, o; el cumplimiento de leyes y de las decisiones judiciales (Artículo 85).

Aprovechando esta referencia, vale la pena tomar del caso brasileño la separación del cargo que experimentó la Presidenta Dilma Rousseff, que quedó reseñado por Breda (2016) así:

El 12 de mayo de 2016, la Cámara Alta del Congreso brasileño abrió el proceso de impeachment contra la presidenta brasileña. Esta crisis política tiene antecedentes inmediatos: desde la reelección de Dilma Rousseff por un pequeño margen de votos, en 2014, hasta las más grandes movilizaciones callejeras en su contra, los medios y la justicia han jugado un rol determinante en el movimiento por la destitución de la presidenta. Curiosamente, el Congreso no busca procesar a Rousseff por corrupción sino por «maquillar el déficit»; de hecho, una gran parte de quienes buscan destituirle están involucrados en el llamado «Lava Jato» y en otras serias irregularidades (p.4).

La relevancia de este acontecimiento ilustra el mecanismo de destitución que las constituciones prevén para la salida del Presidente de la República en cualquier momento antes de culminar el período constitucional establecido. Para el caso brasileño, se evidenció que las fuerzas políticas alcanzaron un acuerdo perfeccionado en el Congreso, del cual, según Breda (2016) *"la oposición obtuvo más votos de los que necesitaba: 367. El gobierno, tan solo 137"* (p. 16). Asimismo, esta votación surgió luego de iniciado un proceso de solicitud de destitución de la presidenta enviada por tres juristas: Janaina Paschoal, Hélio Bicudo y Miguel Reale Júnior (p. 11), lo que da a entender que la participación del poder judicial brasileño se efectúa posterior a la votación de las Cámaras.

En consecuencia, puede decirse que la alteración del presidencialismo puro inspirado en el sistema estadounidense se deriva de las realidades propias de la sociedad latinoamericana caracterizada por la debilidad de sus tejidos, por tanto, el extremo fortalecimiento de las élites agrarias, religiosas y, sobre todo, las militares. Es así que, dadas estas debilidades los contrapesos han tendido a dejar de responder a cualidades institucionales para responder a estamentos de facto.

La realidad latinoamericana

A lo mejor, la experiencia política latinoamericana dista considerablemente de las experiencias europeas por sus siglos de evolución de monarquías devenidas en regímenes políticos asociados a las formas parlamentarias. Empero, el continente se encontró con el régimen presidencial de gobierno, fundamentalmente motivado por las ventajas que acarrean para quien asume la jefatura de Estado al encontrarse con la posibilidad de ejercer el poder en solitario, como un monarca en medio de instituciones republicanas.

Ahora bien, el sistema presidencial en América Latina tiende a parecer haber degenerado por vicios propios de los defectos de su ejercicio, sin embargo Jaques Lambert (citado por Carpizo, 2006) atribuyó las causas un poco más allá del argumento del manejo unipersonal del poder, dado que la falta de articulación de las

sociedades conduce a debilidades en sus estructuras institucionales:

La transposición del régimen presidencial en la América Latina ha sido muy

criticada: ciertamente, ha sido incapaz de impedir los golpes de Estado y

las dictaduras, pero sería absurdo buscar la causa de estas dictaduras en

los amplios poderes concedidos al Presidente, por el contrario reside en el

atraso de la estructura social, en la insuficiente integración de las

poblaciones en la nación, en la inorganización de la vida política y en la

frecuencia de los estados de urgencia que de ello se derivan (pp. 113-114).

En este orden de ideas, siguió Dillon Soares (citado por Carpizo, 2006):

La historia latinoamericana ha estado marcada, desde sus inicios, por la

inestabilidad política y económica. El período inmediatamente posterior a

la independencia fue particularmente inestable... Hubo guerras civiles y

guerras entre las unidades nacionales recién creadas.

Aunque la inestabilidad se dio en mayor o menor grado en toda América

Latina fue particularmente intensa en el territorio hoy ocupado por Bolivia,

Perú, Colombia, Ecuador y Venezuela. En América del Sur hubo, hasta

cierto punto, dos excepciones a la regla: Chile, donde la aristocracia rural

aseguró su hegemonía y creó un Estado fuerte por medio de la llamada

República de Portales, y Brasil, con la institución del Imperio. En Chile, los

mandatos presidenciales tenían una duración de diez años y sólo en una

ocasión hubo una interrupción completa de uno de ellos. En Brasil, desde

1822 hasta 1889, hubo sólo dos emperadores. Con todo es preciso

relativizar la estabilidad política de esos dos países toda vez que se

produjeron innumerables movimientos armados internos, rebeliones y las

revoluciones internas son caras y muchos países latinoamericanos

destinaron a gastos militares un porcentaje elevadísimo de su presupuesto (con frecuencia superior al 80 por 100). Aquel fue un período de gran endeudamiento internacional... En América Latina, básicamente, la regla ha sido la inestabilidad, no la estabilidad (pp. 114-115).

Siguiendo estas ideas, Carpizo (2006) nos dice que *"la desesperación social ante las inestabilidades políticas y económicas, ante la creciente pobreza y carencias sociales, abrió las puertas al «caudillo» que supuestamente iba a resolver todos los problemas"* (p. 117). Dada la debilidad institucional y adoptando el argumento de Soares —debilidad del tejido social— se halla constantemente en el presidencialismo latinoamericano degeneraciones en diversidad de escenarios, que parten siempre de la figura de un caudillo, a saber:

El caudillo latinoamericano representa la personalización del poder, en virtud de que en múltiples ocasiones el hombre goza de mayor prestigio que las instituciones, debido a que se considera que es la persona que el país necesita, la que va a resolver los problemas, la que goza de la confianza nacional, alrededor de la cual se forman los partidos políticos o se le subordinan, sin importar si la ideología de estas organizaciones es liberal o conservadora, de derecha o de izquierda. En una palabra, el caudillo es la representación y la simbiosis de las instituciones (pp. 121-122).

De manera que, Latinoamérica adoptó el sistema presidencial preferentemente sobre el parlamentarismo europeo, desde el principio se conjugó dentro de la cultura política continental la institucionalización del caudillo, es decir, la degeneración de la figura del Presidente hizo del sistema latinoamericano un modelo que fue dejando de lado la legitimidad del poder con base en su origen, mientras que sí aprovechó la justificación del ejercicio del poder bajo esta figura por las ventajas que acarrea para quien ejerce la presidencia.

Queda claro que, el estilo de gobernar que se instauró en las naciones recién independizadas rompió con la monarquía nominativamente a la par con el surgimiento de una figura que sustituyó el poder del rey por el del caudillo —militar en la mayoría de los casos—.

Análisis del parlamento en Latinoamérica

Llegado a este punto, queda claro que el parlamento surgió como un mecanismo mediante el cual se persigue controlar el uso del poder, si se trata de una monarquía, el objetivo del cuerpo deliberante es limitar la acción del rey, ahora, si el órgano parlamentario ejerce su ámbito en una república la acción primordial consiste en controlar el ejercicio del poder del Presidente o del Primer Ministro, según sea el caso.

De cualquier modo, la premisa del parlamento se compone por la función representativa, la función de control político y la función de control legislativo. Seguido de esto, se derivan las acepciones de representación, dado que dicho término ha conquistado protagonismo en todos los sistemas democráticos, además de que forma parte del objeto de estudio en cuanto a quienes ocupan cargos de conducción política en el Estado.

Es por ello que, Sartori (1999) mantuvo que la representación en el ámbito político halla punto de partida en el enfoque organicista o institucional, vale decir, que un individuo que ocupa un escaño parlamentario es apenas una partícula del todo definido por los fines que motivan el funcionamiento del parlamento, por tanto, al referir la representación, necesariamente se entenderá que el órgano —siguiendo la idea de los revolucionarios franceses— que ejerce la máxima representación política de los engranajes del Estado será el parlamento (pp. 257-266).

En este sentido, Sartori sostuvo que los sistemas representativos se pueden definir desde distintas acepciones según sus características teóricas, al respecto señaló que:

1- El pueblo elige libre y periódicamente un cuerpo de representantes: la teoría electoral de la representación.

2- Los gobernantes responden de forma responsable frente a los gobernados: la teoría de la representación como responsabilidad.

3- Los gobernantes son agentes o delegados que siguen instrucciones: la teoría de la representación como mandato.

4- El pueblo está en sintonía con el Estado: la teoría de la representación como ídem sentire.

5- El pueblo consiente a las decisiones de sus gobernantes: la teoría consensual de la representación.

6- El pueblo participa de modo significativo en la formación de las decisiones políticas fundamentales: la teoría participativa de la representación.

7- Los gobernantes constituyen una muestra representativa de los gobernantes: la teoría de la representación como semejanza, como espejo (p. 266).

Además, según Sartori la representación está cortejada por la composición de la elección, sobre todo con el advenimiento de las democracias occidentales materializadas en los distintos sistemas de gobierno, según las cuales se hace cada vez más propio el acompañamiento eleccionario, dado que es por medio de un proceso electoral que, al servir como mecanismo de protección y de expresión, que se garantiza la vinculación entre representante y representado.

Sin embargo, Sartori (1999) advierte sobre la relación entre la representación y la elección que engloba la visión política moderna, para explicarla nos la muestra definida como representación electiva, pues:

Las elecciones son una cosa, y la representación otra. Sin embargo, la moderna representación política es «representación electiva», desde el momento en que es esta asociación la que convierte a la representación, al mismo tiempo, en política y moderna. El medio (elecciones) no puede sustituir el animus (la intención representativa); pero el ánimo solo no basta. La representación no electiva la —representación «virtual» de la que hablaba Burke— requiere el apoyo y las garantías de una representación hecha «actual» por el instrumento electoral (p. 265).

La modernidad ha incorporado la necesidad de que los integrantes de los cuerpos legislativos obtengan su cualidad de representantes partiendo de procesos eleccionarios, los cuales son cada vez más exigentes por cuanto la acción de representar comparte diferentes aristas que hacen más compleja su comprensión. Por eso, Sartori (1999) clasifica los tipos de sistemas representativos, según la combinación de la esencia de la representación con la fórmula del sistema electoral:

(...) los sistemas representativos pertenecen «grosso modo» a dos tipos distintos, cuyos orígenes se sitúan, respectivamente en Inglaterra y en Francia. El tipo inglés de sistema representativo está basado en un método electoral uninominal que atribuye un limitado margen de elección al elector y favorece un sistema bipartidista; mientras que el tipo francés está basado sobre un método electoral proporcional que permite al elector un amplio margen de elección y facilita los sistemas multipartidistas. El tipo inglés sacrifica la representatividad del parlamento a la exigencia de un gobierno eficiente, mientras que el tipo francés sacrifica la eficiencia del gobierno a la representatividad del parlamento (p. 269).

Si bien es cierto que los sistemas electorales serían materia para otro estudio, no es menos cierto que la mención de la visión de Sartori es pertinente por cuanto se permite discurrir en los modos en que pueden materializarse los sistemas representativos, por tanto, se facilita la identificación de estilos, modelos y algunos paradigmas en los que pueden desenvolverse los parlamentarios. Así que la función representativa del parlamentario se refleja en la forma como puede llegar a ser electo, que a la postre, le imprime una cuota de responsabilidad en su manejo dentro de las instituciones del Estado.

De manera que, mediante la representación se puede ejercer la función de control político, vale decir, la imposición de la responsabilidad política hacia aquellos que ejercen el poder, la cual estará vinculado al sistema constitucional que lo diseña, dado que es solo a través de una constitución que puede llevarse a cabo los alcances de los controles y límites al poder. Enríquez (2006) nos ayuda a entender esta relación expresando que:

El problema del control político del Gobierno es la actual piedra angular de cualquier sistema de gobierno; pues, al hablar de un Estado Social y Democrático de Derecho resulta inevitable dejar de lado la función de control, ya que la misma constituye el fundamento del Estado Constitucional moderno. Es más, la Constitución no es otra cosa más que control. Esto lo podemos verificar de la lectura que se haga a través de la historia de la humanidad (p. 57).

No es casual que hoy en día hagamos casi instantáneamente una relación entre control y constitución, esto quedó ilustrado por García (2010), quien afirmó que *"la Revolución Francesa dejó el legado de que cualquier ciudadano pueda exigir al poder y sus detentadores, mediante el previo juicio sistematizado, las justificaciones y los informes de los actos devenidos del ejercicio del poder."* (p. 176). Dicho esto, se entiende que la brecha se abre desde el poder controlador de los representantes hasta la posibilidad cierta que tienen los representados de demandar la responsabilidad de quienes ejercen el poder.

Además, la relación del control político con la responsabilidad política proviene del intercambio institucional entre los representantes y los integrantes del gobierno, en este sentido, resulta pertinente el aporte de Huerta (2010) al sostener que:

El control político es control del gobierno y demás órganos constituidos. El mecanismo más eficaz es la atribución de funciones estatales a diferentes órganos. Es un control político aquel cuyo parámetro de actuación lo constituye un orden jurídico, y su resultado siempre se basa en razones jurídicas. Es un control de oportunidad que se efectúa cuando la situación lo amerite a consideración del órgano controlante, pero no necesariamente acarrea una sanción (p. 173).

Esto cuenta como el sustento de la función de control legislativo, que se extiende más allá de la asociación de los parlamentos con la capacidad única y exclusiva de legislar, es decir, los parlamentarios tienen competencias legislativas fundadas en razones que van más allá de sus pretendidas cualidades de idoneidad para crear leyes, por tanto, son legisladores porque tienen el poder conferido de aprobar o rechazar una legislación.

Por otro lado, el control legislativo halla su fundamento en la iniciativa legislativa, y la sanción de las leyes a través de los parlamentos. No obstante, la iniciativa legislativa no corresponde de manera exclusiva al parlamento, dado que, así como puede concernir a los parlamentarios, también puede ser ejercida por el gobierno o por otros órganos del Estado o, incluso, por los ciudadanos mediante iniciativas populares en los términos establecidos por cada Constitución. La iniciativa legislativa que corresponde al gobierno debe distinguirse cuando se tratan de sistemas parlamentarios o presidenciales, de acuerdo con Aveledo (2013):

En los primeros, este tipo de iniciativa es lo natural, toda vez que el Gobierno es la mayoría parlamentaria. En los segundos, el Ejecutivo Nacional encabezado por el Presidente de la República puede presentar proyectos de ley, es el caso de las Repúblicas latinoamericanas o carecer *de iniciativa legislativa, como en el caso de la Constitución de los Estados Unidos de América* (p. 79).

Esta distinción repercute en la sanción de las leyes que, por regla general los parlamentos son los encargados de sancionar, es decir, aprobar los proyectos de ley que sean presentados por iniciativa legislativa de acuerdo con los actores u órganos del Estado. En función de ello, sentenció Aveledo (2013):

El trámite de los proyectos de ley tiene regulación constitucional o reglamentaria. Los requisitos de admisión, de entrada en consideración, las discusiones del proyecto en cada cámara y sus características diferenciadoras, la modalidad de los informes que sirven de base al debate deben estar claramente esclarecidos. Así mismo, la participación, sea obligatoria o facultativa, de otros órganos del Poder Público en la discusión de las leyes. Y, en caso de ser facultativa, si la potestad incumbe al Parlamento o al órgano respectivo (pp. 79-80).

Por consiguiente, el parlamento cuenta con una estructura de funcionamiento que puede derivar en una organización bicameral o con una formación unicameral. En la actualidad, de acuerdo con la tipología del mismo en cada nación, se conoce que los miembros de los cuerpos legislativos son los senadores y los diputados o representantes; o también conocidos como asambleísta, congresista o legislador según sea el caso.

En efecto, según Aveledo (2013) la organización bicameral del parlamento tiene doble origen ubicado en *"las racionalidades de la constitución estamental y de la constitución federal"* (p. 88). Para explicar, mientras que en el devenir de la Edad Media el parlamento tomó forma bajo la figura de la asamblea estamental, el advenimiento de la ilustración trajo consigo las independencias americanas, por tanto, con su inspiración, surgió la asamblea representativa.

Dicho de otro modo, de acuerdo con Aveledo (2013), el fundamento de la constitución estamental se halla en la historia y la tradición europeas, pues:

Hallaremos que para equilibrar el poder del Rey, éste debió consultar con los señores sus decisiones cuando éstas tenían cierta trascendencia. Lo que no alterara el orden jurídico del reino, el gobierno ordinario y el manejo de la Hacienda era su competencia, pero las decisiones que significaran alteraciones sustanciales de los establecido, en materia legal o tributaria, debía ser aceptado por la asamblea de los nobles (p. 88).

De modo que, la asamblea estamental se conformaba fundamentalmente por un conjunto de *"representaciones"* autonombradas de acuerdo con el nivel de influencia o poder socioeconómico que respondieran a sectores como la nobleza militar, el clero o los miembros de las ciudades, no obstante, aunque todos los miembros de este cuerpo asambleario tienen condición para serlo, los asuntos de discusión se dividen en dos cámaras, en una cámara serán discutidos los asuntos del *"establishment"* mediante los cuales los acuerdos encontrados deben responder a los intereses de la nobleza, mientras que en la otra cámara serán ventilados las cuestiones y demandas populares.

Ello se evidencia con la evolución de este tipo de bicameralismo situado en Inglaterra, nos valemos del dato que proporciona Aveledo (2013), cuando identificó que *"los rasgos comunes de las cámaras en la constitución estamental serían que sus miembros lo son a título propio, por pertenecer a la nobleza o por su dignidad eclesiástica, y expresan las fuerzas tradicionales del país. La cámara baja representa al estado llano"* (p. 89).

Por otro lado, el bicameralismo basado en el modelo de constitución federal se caracteriza por contener una cámara que representa al pueblo y otra a los estados de la federación. Esta estructura parlamentaria halla su diseño original luego de la independencia norteamericana, que en su proceso integrador del Estado Federal responde a un criterio que persigue la consecución de equilibrios. Por ello, Aveledo (2013) nos planteó que *"la palabra clave para entender a Filadelfia son los equilibrios. Equilibrios entre las competencias de los estados y las de la federación, equilibrios entre los estados entre sí, equilibrios entre los poderes públicos. El diseño del Congreso obedece a ese propósito de equilibrar"* (p. 90).

Teniendo en cuenta estos elementos característicos, no es difícil comprender las estructuras básicas del parlamentarismo británico y del presidencialismo norteamericano. Por un lado, se halla la conformación del Parlamento Británico y por el otro el establecimiento del Congreso de los Estados Unidos, en sí mismos son los puntos de partida para las nomenclaturas de los cuerpos legislativos deliberantes que cada Ingeniería Constitucional adopta.

En este orden de cosas, Aveledo (2013) agrega que el parlamento bicameral se sustenta en razonamientos de dos órdenes, uno representativo y otro de valoración política, así:

El criterio representativo es que un Estado federal requiere que los estados de la unión estén representados de manera equilibrada, tanto según su población, porque sería inconveniente que los menos poblados pesaran desproporcionadamente en las decisiones, como por su condición estadal, porque tendría efectos negativos que los más poblados tuvieran una influencia desmesurada que ignorara los intereses de los más pequeños. La representación de la población es proporcional, la estadal es igualitaria.

El criterio valorativo es el de la importancia de la segunda opinión, el reconocimiento a la utilidad de la reflexión serena es una virtud apreciada por el sentido común. Así, una Cámara controla a la otra y la que está más alejada de la contienda política, sirve de "cámara de enfriamiento" (p. 91).

Por su parte, Llanos (2003) explicó los rasgos institucionales del bicameralismo, tomando en cuenta que *"la división del Poder Legislativo en dos cámaras ha recibido al menos cuatro justificaciones por parte de la teoría institucional clásica: la representación de intereses distintos a los de la primera cámara, la contribución al sistema de pesos y contrapesos, el mejoramiento de la calidad de la producción legislativa y la producción de resultados legislativos más estables"* (p. 349). De modo que, el bicameralismo halla ventajas en la complementación del trabajo parlamentario que ejerce cada una de las cámaras, por tanto, tiende a robustecer más la acción del Poder Legislativo frente a los demás órganos del Estado.

Igualmente, para Sánchez, Nolte y Llanos (2005), recogió una mayor importancia el hecho que:

> *El bicameralismo ha sido defendido por su contribución a la preservación de la libertad y los derechos individuales al duplicar los controles del Poder Legislativo sobre los actos del gobierno y al ofrecer contrapesos frente al peligro que los autores de El Federalista denominaron «la tiranía de la mayoría» o de la «tiranía de la Cámara baja». De acuerdo con el modelo de pesos y contrapesos surgidos de la Convención de Filadelfia de 1787, la usurpación de poder se prevenía, por un lado, otorgando a cada autoridad estatal un poder de veto que sirviera como instrumento de control sobre las demás y, por otro, induciendo en los representantes de cada rama de poder una motivación distinta a través de la diversa relación que guardarían con el electorado. En lo que respecta a la Cámara alta, el resultado de este diseño fue un Senado de tamaño reducido que representaría en forma igualitaria a las unidades federales y sin cuyo acuerdo resultaría imposible de aprobar cambios en la legislación* (p. 19).

Ahora bien, la contraparte del estilo bicameral es la estructura parlamentaria de tipo unicameral, que no es más que la organización del Poder Legislativo en una sola cámara. Al respecto, Aveledo (2013) sostuvo que el parlamento unicameral *"es expeditivo. La inexistencia de cuerpos paralelos evita discrepancias que enlentezcan* el proceso legislativo y son propicias a componendas. Además, es menos costoso. Menos legisladores, menos asesores, menos burocracia de apoyo, todo lo cual redunda, al final, en menos gasto público" (p. 92).

Es por ello que para Aveledo (2013), a diferencia del bicameralismo, la estructura unicameral se presenta como una opción más económica, tanto en esfuerzo como en las finanzas públicas, en consecuencia:

Las ventajas son muy evidentes para los defensores de este modelo, se basan en criterios de cumplimiento de la función política necesaria con celeridad y economía. La eventual desventaja del freno a la demagogia, el apresuramiento o la imprevisión es, desde luego, discutible, pues si bien hay ejemplos históricos que lo respaldan, también están los de Parlamento de tradición que son unicamerales como los escandinavos, el Folketing danés, el Riksdag sueco que volvió al sistema unicameral después de un siglo en 1971, y el Representante de los Pueblos de Finlandia (p. 92).

En síntesis, Ossorio (2006) definió al modelo unicameral como un *"sistema de organización del Estado en el que el Poder Legislativo se ejerce por una sola Cámara, llamada de Diputados o Representantes"* (p. 971). Mientras que Cabanellas (2006) lo definió como *"la existencia de un solo órgano legislativo o parlamentario, a diferencia y en oposición con respecto al bicameralismo"* (p. 274).

Cerrando este apartado, el modelo de parlamento unicameral se encuentra con no pocos inconvenientes funcionales, en consecuencia, según Cabanellas (2006) *"el mayor aparece ante la cambiante mayoría parlamentaria donde existe sinceridad electoral y volubilidad de la opinión. Una cámara alta frena muchas intemperancias y ahoga la demagogia de los que han prometido mucho o aspiran a la reelección"* (p. 274).

Por lo demás, las constituciones terminan adoptando uno u otro modelo de cuerpo legislativo de acuerdo con las necesidades del sistema político en cuestión. Lo cierto es que, cada modelo presenta sus ventajas y desventajas al momento de efectuar eficazmente los controles que se hallan en la naturaleza de todos los cuerpos deliberativos, el asunto consiste en encontrar al modelo con el que funciona mejor la racionalización del poder.

Nomenclaturas latinoamericanas

Habidas cuentas de las consideraciones anteriores, cada Estado define de acuerdo con el diseño de su constitución el modelo según el cual funciona su respectivo cuerpo legislativo, de allí que, adopten elementos y estilos que permitan generar la nomenclatura y la organización con la que ejercerá las funciones de representar, controlar y legislar.

En este sentido, el parlamento dentro de los sistemas presidenciales, visto desde un ámbito nominativo y atendiendo a su estructura básica puede responder a la denominación *"congreso"* o al apelativo de *"asamblea"* y, como vimos, puede ser bicameral o unicameral.

Dicho lo anterior, conviene mencionar de manera breve las nomenclaturas con las que algunas de las naciones de América Latina denominan a sus respectivos poderes legislativos, para este caso, atendemos a una clasificación básica que define al parlamento según la estructura bicameral o la estructura unicameral.

Por un lado, los parlamentos en Latinoamérica pueden atender a la estructura bicameral, tal es el caso de México por parte de América del Norte y siete de las naciones de América del Sur. A este respecto, es de destacar que la mayoría del cono sur latinoamericano cuenta con cuerpos legislativos bicamerales independientemente de la conformación federal o unitaria de cada una de estas repúblicas, por otra parte, en relación con el norte del continente, tomamos en cuenta a la nación mexicana preferentemente por cuanto su historia y gentilicio se estrechan fuertemente con el origen de los Estados independizados de la monarquía española.

Por otro lado, los parlamentos unicamerales están más arraigados a los modelos nacionales centroamericanos en donde dominan la totalidad de sus Estados (con excepción de Belice o las Honduras Británicas), sin embargo, de manera excepcional, el unicameralismo ha sido adoptado en Ecuador, Perú y Venezuela tratándose de la América del Sur.

Así, la nomenclatura latinoamericana con la que se conoce a los cuerpos legislativos tomo como punto de partida de las diferentes experiencias constitucionales. En este sentido, los parlamentos de estructura bicameral quedan reflejados en la Tabla 1. Por su parte, los parlamentos que adoptan un modelo unicameral son los que se muestran en la Tabla 2.

Tabla 1
Cuerpos legislativos bicamerales

País	Tipo de Estado	Nomenclatura	Cámara Alta/Cámara Baja	Constitución vigente (año)	Artículos constitucionales
Estados Unidos Mexicanos	República Federal	Congreso de la Unión	Cámara de Senadores/Cámara de Diputados	1917	40, 50, 51, 52 y 56.
República Argentina	República Representativa Federal	Congreso de la Nación	Cámara de Senadores/Cámara de Diputados	1994	1, 44, 45, 50, 54 y 56.
Estado Plurinacional de Bolivia	Estado Unitario Social de Derecho Plurinacional Comunitario	Asamblea Legislativa Plurinacional	Cámara de Senadores/Cámara de Diputados	2009	1, 145, 146 y 148.
República Federativa del Brasil	Estado Federal	Congreso Nacional	Senado Federal/Cámara de Diputados	1988	1, 44, 45 y 46.
República de Chile	Estado Unitario Descentralizado	Congreso Nacional	Senado/Cámara de Diputados	2005	3, 46, 47 y 49.
República de Colombia	República Unitaria Descentralizada	Congreso de la República	Senado/Cámara de Representantes	1991	1, 114, 132, 171 y 176.
República del Paraguay	Estado Unitario Descentralizado	Congreso	Cámara de Senadores/Cámara de Diputados	1992	1, 182, 187 y 189.
República Oriental del Uruguay	República Democrática	Asamblea General	Cámara de Senadores/Cámara de Representantes	1967	82, 83, 84, 88, 89, 94 y 97.

Elaborado por el autor, 2019

Tabla 2

Cuerpos Legislativos Unicamerales

País	Tipo de Estado	Nomenclatura	Cámara Única	Constitución vigente (año)	Artículos constitucionales
República de Costa Rica	República democrática	Asamblea Legislativa	Cámara de Diputados	1949	1, 105, 106 y 107.
República de El Salvador	República democrática y representativa	Asamblea Legislativa	Cámara de Diputados	1983	83, 85, 121, 124 y 125.
República de Guatemala	República democrática y representativa	Congreso de la República	Cámara de Diputados	1993	140 y 157.
República de Honduras	República democrática y representativa	Congreso de Diputados	Cámara de Diputados	1982	1, 4, 189 y 196.
República de Nicaragua	República democrática, participativa y representativa	Asamblea Nacional	Cámara de Diputados	1987	7, 132 y 133.
República de Panamá	República democrática y representativa	Asamblea Nacional	Cámara de Diputados	1972	1, 146, 147 y 148.
República del Ecuador	República descentralizada	Asamblea Nacional	Cámara de Asambleístas	2008	1, 118.
República del Perú	República representativa y descentralizada	Congreso	Cámara de Congresistas	1993	43 y 90.
República Bolivariana de Venezuela	Estado federal descentralizado	Asamblea Nacional	Cámara de Diputados	1999	1, 4 y 186.

Elaborado por el autor, 2019

Desde luego, de esta clasificación nos interesa el caso venezolano, el cual forma parte principal de este libro. Igualmente, los países de América Latina enunciados en esta clasificación sirven como evidencia para establecer que no existe un criterio unísono de modelo de parlamento, es decir, que a pesar de que todos los casos reflejados atienden a la forma republicana y democrática de gobierno, ocho de los países que muestran en las tablas 1 y 2 se decantan por modelos bicamerales de cuerpo legislativo mientras que, nueve países —contando a Venezuela— se inclinan hacia el estilo unicameral de parlamento.

Así las cosas, los modelos latinoamericanos han preferido seguir la suerte del poder basado en el liderazgo presidencial, esto se halla en la larga tradición de repúblicas presidencialistas, a la vez, podemos notar que el caudillismo tomó ventaja en las clases políticas dejando como consecuencia una sensación de debilidad en los cuerpos legislativos nacientes.

Sin embargo, estas desventajas no menguaron la presencia de los diferentes congresos nacionales, por ello ha resultado importante el estudio de su evolución para identificar las particularidades de cara al ejercicio de funciones de control político que les permite sus propias estructuras.

Además, la evolución de las estructuras organizativas de los cuerpos legislativos de América Latina indica que la búsqueda de racionalización del poder del presidente no necesariamente persigue instaurar sistemas parlamentarios, más bien, los mecanismos de control parlamentario buscan aumentar el campo de acción del rol político de las cámaras deliberativas dentro del propio sistema presidencial. Por ello, es común hallar en Latinoamérica modelos de Poder Legislativo que se caracterizan por haber desarrollado su estructura en función de controlar al presidente, no para nombrarlo.

Venezuela

Venezuela inició su experiencia como república, una vez emancipada de la corona española y, siguiendo los pasos de la Revolución Francesa, abandonó definitivamente la forma monárquica de gobierno. De modo que, los fundamentos de la nueva república se cimentarían sobre la evolución del significado de soberanía inspirado en la adopción roussoniana de la voluntad general. Esta noción es relevante para el desarrollo constitucional de la nación pues, las experiencias vividas por Venezuela se sostienen en la premisa republicana de la soberanía.

En consecuencia, se sustituyó la soberanía del Rey por la del pueblo, éste solo puede definir la formación de un Estado con base en el sufragio que, a la vez, halla su manto protector en principios que garanticen las libertades y los derechos del hombre, por ello, a tenor de Brewer-Carías (2005) *"la separación de poderes y el sistema presidencial de gobierno, en todo caso, fue seguido posteriormente en todas las Repúblicas latinoamericanas, después de la Independencia o después de la experiencia de gobiernos monárquicos, como los que hubo en algunos países"* (p. 26).

Hasta el presente, la forma republicana se asentó en el sistema constitucional venezolano, de tal manera que, la experiencia política nacional ha estado marcada por características que han definido a esta nación como una república, esto quedó ilustrado en la Constitución de 1999 al establecer que *"la República Bolivariana de Venezuela es irrevocablemente libre e independiente y fundamenta su patrimonio moral y sus valores de libertad, igualdad, justicia y paz internacional (...)"* (Artículo 1).

Al presente, la República venezolana tiene la forma de un Estado federal descentralizado (Artículo 4), lo cual se traduce en que, a diferencia de la mayoría de los países del cono sur, queda descartado el modelo de república unitaria. De esta manera, parecería que el modelo venezolano de su parlamento halla sus bases en la representación igualitaria de los estados que conforma la federación del Estado venezolano.

Es así que, en el esquema adoptado por la Constitución de la República Bolivariana de Venezuela, aprobada mediante referendo constituyente en diciembre de 1999, se adoptó el sistema presidencialista con un poder ejecutivo conformado por el Presidente de la República, el Vicepresidente Ejecutivo y los Ministros (Artículo 225), con ello, queda en evidencia la expresión aquella de Valadés (2008) en cuanto a que *"ya no existen sistemas puros"* (p. 3), debido a que la estructura del gabinete ejecutivo adopta la presencia de los ministros, originalmente derivados de parlamentarismo europeo.

Así, el sistema venezolano posee las características principales del sistema presidencialista, es decir, el Poder Ejecutivo es ejercido por varios órganos al tiempo que es encabezado por el Presidente de la República quien, como es elegido directamente por el pueblo mediante el sufragio, no debe confianza al parlamento, por tanto, puede designar directamente a los funcionarios que integran el Poder Ejecutivo.

Mientras tanto, el sistema constitucional venezolano define la suerte del cuerpo legislativo, del cual Brewer-Carías (2005) describe su naturaleza destacando que:

El Poder Legislativo Nacional se ejerce por la Asamblea Nacional como cuerpo unicameral. El Capítulo I del Título V de la Constitución de 1999 cambia así, radicalmente, la tradición bicameral que caracterizaba a los órganos del Poder Legislativo Nacional desde 1811, y establece una sola Cámara Legislativa lo que, por lo demás, es contradictorio con la forma federal del Estado. En una Cámara Federal o Senado, en realidad, es que tiene sentido la disposición del artículo 159 que declara a los Estados como entidades políticas iguales. Esa igualdad sólo puede ser garantizada en una Cámara Federal, donde haya igual representación de cada uno de los Estados, independientemente de su población, para participar igualitariamente en la definición de las políticas nacionales (p. 112).

Para justificar esta adopción, la Exposición de Motivos del instrumento constitucional explica que la estructura unicameral de la Asamblea Nacional *"responde al propósito de simplificar el procedimiento de formación de las leyes, reducir los costos de funcionamiento del parlamento, erradicar la duplicación de órganos de administración y control y la duplicación de comisiones permanentes, entre otras cosas"* (Exposición de Motivos de la Constitución de la República Bolivariana de Venezuela).

Visto esto, encontramos que la Asamblea Nacional está integrada por diputados elegidos en cada entidad federal por votación universal, directa, personalizada y secreta con representación proporcional, según una base poblacional del 1,1% de la población total del país (Artículo 186). Además, el texto constitucional dispone como base de representación federal que cada entidad elija tres diputados que tendrán representación en la única Cámara de la Asamblea Nacional.

Habidas cuentas, la adopción del sistema unicameral para el Poder Legislativo, con la que rompió la tradición del Congreso de la República que acompañó desde la independencia el proceso republicano con sus dos Cámaras, ocasionó que el modelo parlamentario sufriera cambios que marcaron la funcionalidad del órgano legislativo dentro de la Ingeniería Constitucional.

Si bien el nuevo sistema político encarnado en la Constitución de 1999 perseguía la simplificación de las funciones parlamentarias para economizar esfuerzos y maximizar resultados, no deja de ser cierto que tales modificaciones, lejos de fortalecer al cuerpo legislativo, terminaron por debilitarlo frente al resto de los órganos del Estado venezolano, ya que, en la medida que se simplificó la estructura de la Asamblea Nacional, la organización del Estado venezolano se hizo más compleja al incluir al Poder Electoral y al Poder Ciudadano como ramas de Poder Público Nacional (Artículo 136 CRBV).

En otras palabras, el Poder Legislativo venezolano derivó en un cuerpo asambleísta con atribuciones disminuidas que, si bien es cierto, originalmente se trata de una simplificación de los procesos legislativos, también es cierto que los propios métodos y las funciones políticas de control quedarían atenuados en la medida que el cuerpo legislativo carece de una cámara alta que represente a las entidades federales en iguales condiciones y, con ello, se facilite la sujeción del parlamento venezolano a mayorías que no tendrían más límites que su propia voluntad. De manera que, el modelo bolivariano redujo con los costos de funcionamiento, la capacidad de maniobra política del Poder Legislativo venezolano.

EL PAPEL DE LA INGENIERÍA CONSTITUCIONAL

Cuando revisamos el funcionamiento de los sistemas de gobierno nos damos cuenta de los grandes aportes de distintas disciplinas de las ciencias sociales, por ello, nos resulta útil tomar en cuenta algunas técnicas provenientes de los estudios de Historia, Derecho e Ingeniería Constitucional, puesto que, a partir de estos elementos podemos comprender ampliamente la consolidación de los sistemas políticos democráticos, de modo tal que, en medio de las variaciones de estas especialidades se pueden descubrir fortalezas o debilidades estructurales de cualquier sistema político.

Así que, al aprovechar el contenido de Derecho Constitucional, nos permitimos dar una hojeada a la visión constitucionalista de este trabajo sin una exclusividad de la técnica jurídica, pero con el interés en descubrir nuestro sistema de contrapesos y control político concurriendo a un contraste con la histórica afinidad de la sociedad latinoamericana con los caudillismos civiles o militares. Dicho de otra manera, Aragón (1999) nos dice que *"(...) al margen de cualquier tipo de adjetivaciones, hablar de Constitución tiene sentido cuando se la concibe como instrumento de limitación y control del poder"* (p. 81).

La justificación de la Ingeniería Constitucional

En este punto, insistimos en aclarar que con este estudio no se pretende mirar a los sistemas constitucionales en cuestión con un exclusivo lente del Derecho Constitucional, es decir, se persigue identificar algunos componentes del sistema político reflejado en sus contenidos, además de la relación de poder que se desmenuza con la Ingeniería Constitucional Comparada, de la que nos deja Sartori (1996), cuando expresó que:

En cierta ocasión Bentham dijo que las dos grandes «maquinarias» de la realidad son el castigo y la recompensa. Sin duda, la Ingeniería tiene que ver con las máquinas, su mecánica, diseño y funcionamiento. Al unir la metáfora con la etimología se me ocurrió «Ingeniería Constitucional Comparativa» por ser un título que expresa, primero, que las constituciones se parecen (de alguna manera) a las máquinas, esto es, a mecanismos que deben «funcionar» y producir algo; segundo, que no es muy probable que las constituciones funcionen como se desea a menos que empleen las «maquinarias» de Bentham, es decir, los castigos y las recompensas (p. 7).

Partiendo de lo que nos interesa del Derecho Constitucional resulta interesante destacar las tipologías que aportó García Pelayo (1950) sobre el concepto de constitución, con ellas esperamos ampliar la visión de los casos objeto de análisis. En primer lugar, podemos entender la voz constitución desde la óptica racional-normativa como una construcción pura de la razón, esta perspectiva plantea que la objetivación y despersonalización del Estado se logra solo a través de la ley escrita pues, *"solo el Derecho ofrece garantías de racionalidad frente a la irracionalidad de la costumbre"* (p. 39).

Siguiendo, de acuerdo con García Pelayo (1950) también puede hallarse una acepción histórica tradicional, que nos muestra a la constitución como el resultado superior al mero producto de la razón, dado que las constituciones —según esta tipología— provienen de una lenta transformación histórica, *"por consiguiente, está claro que la Constitución de un país no es creación de un acto único y total, sino de actos parciales reflejos de situaciones concretas y, frecuentemente, de usos y costumbres formados lentamente y cuya fecha de nacimiento es imprecisa"* (p. 42).

Por otro lado, también topamos con una definición sociológica del vocablo constitución que sugiere que ella es un reflejo de una realidad social particular, en consecuencia, *"...es característica del concepto sociológico de Constitución entender que la estructura política real de un pueblo no es creación de una normatividad, sino expresión de una infraestructura social, y que si tal normatividad quiere ser vigente ha de ser expresión y sistematización de aquella realidad social subyacente"* (p. 48).

De cualquier manera, el concepto de constitución es el resultado de multiplicidad de vistas con las que nos proponemos entender el poder dentro de sus límites, pues, analizando al constitucionalismo desde estas perspectivas hallamos algunos de los contextos que generaron los distintos diseños racional-normativos, en consecuencia, resulta más efectiva la comprensión de las ingenierías constitucionales.

La importancia de la vista teórica de la ingeniería constitucional se justifica en el estudio del impacto de una realidad específica frente a un texto constitucional, es decir, la puesta en prueba del funcionamiento *"mecánico"* aludido por Sartori (1996) del diseño de una constitución en la realidad, de modo que, tal uso compensa la disciplina que ejerce el Derecho, así, la visión que ofrece Sartori permite contemplar la aplicabilidad de normas jurídicas en medio de la complejidad de las relaciones políticas de cualquier sistema. De esta forma, podremos comprender fortalezas y debilidades de las *"piezas"* que conforman todo un sistema político en funcionamiento.

La Ingeniería Constitucional venezolana

Visto que la forma republicana de gobierno quedó instaurada en la Ingeniería Constitucional de Venezuela, destacamos la importancia del principio de separación del poder desarrollado originalmente por Locke (1689) y Montesquieu (1748), quienes propusieron una distribución de funciones y facultades que permitieran definir el poder del Estado garantizando las libertades, por tanto, coadyuvando al control político del poder a través de las leyes.

Oportunamente, Brewer-Carías (2005), sintéticamente refiere a una de las ideas de Montesquieu, pues, *"es cierto que en las democracias, el pueblo parece hacer lo que quiere; pero la libertad política no consiste en hacer lo que se desea. En un Estado, es decir, en una sociedad donde existen leyes, la libertad sólo puede consistir en el poder de hacer lo que se debe querer y en no ser obligado a hacer lo que no se debe querer"* (p. 10).

A partir de ello, el principio de la división de poderes tiene por objeto promover los contrapesos institucionales, tal como sentenció Montesquieu (citado por Brewer-Carías, 2005), pues *"cuando la potestad legislativa está reunida con la potestad ejecutiva en la misma persona o en el mismo cuerpo de magistrados, no hay libertad alguna... Así como tampoco hay libertad alguna si la potestad de juzgar no está separada de la potestad legislativa y ejecutiva..."* (p. 9).

Así, el constitucionalismo venezolano adoptó tal principio en virtud de dotar al Estado de un Poder Público con funciones distribuidas bajo la inspiración del *Espíritu de Las Leyes*. La Constitución de 1999 presenta una distribución orgánica de poderes por medio del Poder Público Nacional que se divide en: Legislativo, Ejecutivo, Judicial, Ciudadano y Electoral (Artículo 136).

Nos interesan los poderes Legislativo y Ejecutivo, que son encabezados por la Asamblea Nacional y el Presidente de la República, respectivamente. La Ingeniería Constitucional brinda algunas pistas que determinan la influencia política del parlamento dentro del sistema establecido en Venezuela, así como el reconocimiento de las estructuras que poseen capacidad efectiva de ejercer control y contrapeso político al gobierno, bajo la vigencia de la Constitución de 1999.

Evolución del sistema político venezolano

A partir de una breve reseña, nos proponemos describir someramente las distintas experiencias de la vida constitucional y política de Venezuela, con las cuales intentamos hallar justificaciones para la objetivación de la realidad política desarrollada desde la Independencia, tomando en cuenta que, la cultura nacional ha estado relacionada a un patrón ligado a la voluntad y personalidad de algún caudillo.

En éste sentido, para entender la periodización política del sistema venezolano planteamos dos miradas, por una parte, la visión historiográfica mediante la cual conseguimos describir con base en acontecimientos políticos y militares el comienzo y desarrollo de la Venezuela republicana en sus variantes contextuales, de modo que, podría reflejar la acepción histórica tradicional que explicaba García Pelayo acerca del constitucionalismo. Mientras que, por otra parte, contamos con la composición constituyente mediante la cual se justifica el paradigma racional-normativo aludido por el propio García Pelayo.

Como primera etapa, Brewer-Carías (2014) nos presenta lo que denominó *"período constituyente del Estado, como Estado independiente y autónomo: 1811-1864"*, de esta forma:

El primer período corresponde al de la Constitución del Estado y su estructuración como Estado independiente y autónomo (semidescentralizado), y que se desarrolló entre 1811 y 1863, el cual, a su vez, comprende tres lapsos bien diferenciados: primero, el que corresponde a las dos Constituciones sancionadas en el proceso primario de formación del Estado independiente, que fueron, además de la Constitución constitutiva del Estado Federal de 1811, la Constitución llamada de Angostura de 1819, que con acentuado centralismo presentó Simón Bolívar al Congreso de las Provincias reunidas en esa ciudad; segundo, el que corresponde a la República de Colombia, marcado por la Constitución de Colombia sancionada en Cúcuta en 1821, en la cual, igualmente a propuesta de Bolívar, quedaron reunidas en un solo Estado las antiguas provincias de Venezuela, de Nueva Granada y de Ecuador, en lo que se conoció como la Gran Colombia, en la cual Venezuela fue inmersa; y tercero, el del reestructurado Estado venezolano autónomo que surgió de la Constitución de Venezuela de 1830, luego de la separación de la Gran Colombia, con la cual se consolidó la República conforme a un pacto político centro-federal que le dio sustento, y con el cual tuvo un largo período de vigencia hasta 1864, con reformas parciales en dos oportunidades (1857-1858) y una ruptura del hilo constitucional. Este primer período de la historia constitucional de Venezuela, con esos tres lapsos, concluyó con las guerras federales que se desarrollaron entre 1858-1863 (p. 4).

De hecho, las ideas republicanas tomaron fuerza al imponerse como una alternativa a la forma monárquica que trajeron consigo la conformación de Estados-Nación que, inspiraron las independencias latinoamericanas con un corte tajante al paradigma de rey soberano por el de pueblo soberano. De tal manera que, tratando de adaptar un paradigma racional-normativo, Venezuela adoptó la forma republicana a partir de 1810, tal como lo afirmó Iribarren (2001) al estatuir:

En Venezuela la I República existió entre 1810 y 1812; y su configuración ocurrió de la siguiente manera: el 19 de abril de 1810 el Ayuntamiento de Caracas se constituyó en una Junta Suprema de Venezuela para «salud pública del pueblo de Venezuela». En ese mismo acto se nombró al Ayuntamiento como: «depositario de la Suprema Autoridad: que para ejercerla con mejor orden en lo sucesivo, haya de formar cuanto antes el plan de administración y gobierno que sea más conforme con la voluntad del pueblo» (p. 397).

Sin embargo, esta primera experimentación republicana tuvo un ocaso prematuro, su caída conformó un proceso de estabilización de alianzas entre las élites criollas en medio de batallas políticas y militares frente a los defensores de la Corona española.

A propósito, Lobo (2005) describió brevemente la caída de la Primera República como consecuencia de la primera derrota militar contra los realistas que, defendían los intereses de la Corona española frente al de los patriotas republicanos que, en medio de su desespero producido por una inminente derrota el Congreso había otorgado atribuciones dictatoriales a Francisco de Miranda, quien conduciría los últimos momentos de la naciente nación como *"Generalísimo de los Ejércitos"* (p. 27), de manera que para Lobo (2005) la caída del primer intento republicano quedó dibujada así:

En aquella hora crucial el desenlace final de la Primera República se estaba consumando en Maracay. El 24 de julio de 1812 se daba el toque final de la Capitulación de San Mateo, armisticio aconsejado a Miranda por el

Marqués Casa León y llevado a sus últimas consecuencias por sus designados José Sata y Bussy y Manuel Aldao. El generalísimo la acepta tal cual como Domingo Monteverde lo esperaba (p. 34).

Al ser así, quedó en evidencia la falta de organización militar y política al servicio de la República en los primeros intentos de formar una alternativa independiente de la Corona española que, además, seguía gozando de influencia en quienes no estaban convencidos de sujetarse de formas institucionales diferentes a la monarquía, por tanto, al ejercicio soberano de un rey.

Por otra parte, el curso de instauración republicana insistió por medio del protagonismo de Simón Bolívar a través de su Campaña Admirable, según el Centro Nacional de Historia (2011) *"luego de la pérdida de la Primera República el 25 de julio de 1812, Simón Bolívar se embarcaría en agosto a Curazao, prometiéndose volver a Venezuela para libertarla del oprobio español"* (p. 50). De manera que, la personalidad de Bolívar y otros líderes militares como Santiago Mariño sacudirían la suerte de la Segunda República, con la instauración del caudillismo militar que marcaría la cultura política de esta nación latinoamericana.

Adicionalmente, Frailán (2014) describió el contexto que, a la larga, así como originó la instauración de la Segunda República pudo haber sido la causa de su desenlace, quizás por el espíritu reaccionario de su surgimiento, de manera que, el intento por reconquistar la República en medio de plena Guerra de Independencia derivó en absolutismo. Bolívar le pidió la redacción de un plan de gobierno a Francisco Javier Ustáriz que sirviera como muestra de garantía de tranquilidad y legitimidad, en consecuencia:

El plan propuesto por Ustáriz, en primer lugar, considera una ejecución de gobierno fuerte; por lo tanto, tiene que ser centralizado, para lograr el orden. Con relación a los poderes Ejecutivo y legislativo, residirían en el General en Jefe del Ejército. El 14 de noviembre de 1814, la municipalidad de Caracas, en la convocatoria de un cabildo extraordinario, le confiere a

Simón Bolívar el título de Capitán General de los Ejércitos Patriotas y de Libertador de Venezuela (s/p).

Curiosamente, no deja de ser resaltante la legitimación del caudillismo por medio de los cuerpos deliberantes, esto asentaría la necesidad de conducción militar para los altos asuntos de la República, pues, a costa de que Venezuela atravesaba la cruenta Guerra de Independencia, las fuerzas políticas depositaron la conducción en un jefe supremo, que sería insuficiente para sostener de forma estable la institucionalidad de la nación. Por tanto, la Segunda República también fue efímera, a pesar de ello produjo la reafirmación del sistema de gobierno nacional y para la definición histórica tradicional del constitucionalismo venezolano.

En consecuencia, la inestabilidad social y política de este período hizo que el Poder Legislativo se encontrara con dificultades para lograr su desenvolvimiento, así lo ilustró la Asamblea Nacional (2010):

El fragor de la guerra de independencia no permitió que se reuniera nuevamente el Congreso, sin embargo, en más de una ocasión los generales republicanos mostraban su preocupación por formar uno en cuanto las circunstancias lo permitieran, para legitimar la autoridad militar. El 8 de mayo de 1817 se logra llamar a un Congreso en Cariaco, en el cual se intentó restaurar la Constitución de 1811 y se nombró al Poder Ejecutivo. Su existencia fue efímera (p. 4).

Luego, el Congreso venezolano apenas logró reunirse nuevamente el 15 de febrero de 1819 en la tribuna del célebre *"Discurso de Angostura"* de Simón Bolívar en el cual renunció a su investidura de Jefe Supremo y se sometió al Congreso, que al final, terminó nombrándolo Presidente Único de Venezuela.

En tal sentido, la Asamblea Nacional (2010) reseñó que *"no solo era importante instalar el parlamento para legitimar a las autoridades militares y sancionar una nueva Constitución sino, además, para iniciar relaciones con otros Estados del mundo en busca de reconocimiento de nuestra independencia y solicitar préstamos con el objeto de reconstruir la nación"* (p. 4).

En efecto, este Congreso reunido constituyó una nueva etapa de la personalidad del caudillo, en este caso, Simón Bolívar convocó este cuerpo deliberativo, siendo Jefe Supremo de la Nación hizo reunirse en el territorio hoy perteneciente al estado Bolívar, a las representaciones de todas las provincias que estaban en poder de los republicanos.

De acuerdo con el Centro Nacional de Historia (2011), la importancia de este acontecimiento para la evolución del sistema político venezolano, se halla en que *"Bolívar estaba convencido de que Venezuela ya se encontraba con el derecho jurídico y natural de afirmarse como nación soberana y República independiente, y ejercer su capacidad legislativa"* (p. 56).

Entonces, una vez que el Congreso recobrara la capacidad de legislar, quedó promulgada la Constitución que los historiadores identifican con la entrada a la Tercera República, el paradigma racional-normativo que define el desarrollo constitucional venezolano, sobre todo de la soberanía venezolana encuentra como referencia lo que dijo Iribarren (2001):

El Congreso de Angostura del 11 de agosto de 1819 promulgó la Constitución de ese mismo año en cuyo artículo 1° se estableció que: «La República de Venezuela es una e indivisible»; y en título V —artículo 1°— de ese mismo texto se dispuso que: «La soberanía de la Nación reside en la universidad de los ciudadanos. Es imprescriptible e inseparable del pueblo»
(p. 398).

Con ello, Venezuela vio recuperada su causa republicana. Durante este período consiguió ejercer su soberanía nacional al disponer de su propio sistema jurídico-político, mediante el cual el Congreso retomó importancia política, en este sentido, el Centro Nacional de Historia (2011) sostuvo que *"el Congreso de Venezuela, reunido en la Ciudad de Angostura desde febrero de 1819, decretó el 17 de diciembre de ese año la Ley fundamental de la República de Colombia; una herramienta jurídica que dio origen a la República de Colombia (Conocida como la Gran Colombia), la cual estaba conformada por los territorios de la antigua Capitanía General de Venezuela y el Virreinato de la Nueva Granada"* (p. 57).

De esta manera, la Tercera República encontró su postrimería con esta decisión política, esta vez, no quedó sentenciada por una derrota militar frente a los realistas, sino más bien por la anexión a nuevos territorios que conformarían parte del proyecto de Bolívar con una vasta extensión territorial, en este sentido, de acuerdo con el Centro Nacional de Historia (2011), la consolidación de aquella Gran Colombia se halló en que:

La ley fundamental de Colombia aprobada en 1819 no bastaba para darle cohesión a tan inmensa proporción de territorio, por ello en 1821 se convocó en la ciudad de Rosario de Cúcuta (actual Colombia) una Asamblea Constituyente donde se redactó y aprobó la carta magna que dio origen a la unión colombiana bajo el liderazgo de Antonio Nariño, Simón Bolívar y Francisco de Paula Santander. Se sesionó entre el 30 de agosto y el 3 de octubre de 1821 y su resultado fue la Constitución Liberal de Cúcuta (p. 91).

A pesar de ello, la unión grancolombiana inspirada en aquel proyecto de Bolívar en el que se impondría un solo Estado para un territorio vasto, careció de homogeneidad de los intereses políticos de las élites, para el caso de Venezuela, seguía la suerte caudillista, esta vez bajo el mando del General José Antonio Páez, que, a tenor de Riaño (2014), tal General *"mandaba en el departamento de Venezuela, el cual comprendía el centro de la actual república de ese nombre, fue el primero que atentó contra la existencia de la Nación, colocándose al frente de una sublevación separatista"* (p. 73).

Asimismo, Riaño (2014) describió como una debilidad que hacía insostenible aquella unión que *"los políticos del país consideran el régimen federal demasiado complicado para un pueblo que casi desconoce la libertad civil, aun cuando parecen inclinados a favorecerlo como el único remedio para unir la República"* (p. 75). En otras palabras, el sistema republicano y el sistema federal constituían una novedad para la sociedad de este contexto que, a la larga, permitió abonar el terreno para la inminente separación.

En consecuencia, bajo la luz de este acontecimiento histórico, Venezuela quedó separada de la Gran Colombia que, según el Centro Nacional de Historia (2011), fue en parte gracias a *"la cosa embrollada que no tenía nombre"* como se empezó a denominar al movimiento *"cosiatero"* en los círculos de opinión venezolanos (p. 78).

De esta forma, se dio inicio al período republicano más largo en la historia política venezolana, es decir, la Cuarta República. Por tanto, siguiendo la exposición de Riaño (2014), *"separada Venezuela de la Gran Colombia, se comienzan a dar las bases para el Estado naciente, controlado por la figura del General José Antonio Páez, quien sin discusión alguna era el caudillo mayor"* (p. 79).

De manera que, desde que inició el proceso de construcción de la Cuarta República, el sistema político venezolano vivió el período republicano más largo de la Nación, con una vigencia de 169 años contados hasta 1999, acompañado de múltiples cambios y experimentos constitucionales que conservaron la misma esencia. Para Riaño (2014), es destacable que:

La Constitución de Venezuela en Estado independiente es un hecho jurídico trascendental que inicia con la consolidación de ideas y sentimientos que se habían formado a través de trescientos años de existencia y que al desarrollarse sobre principios que se establecen y reafirman en la Constitución de 1830, dan fisonomía propia las características sociológicas que se habían diluido en el Estado grancolombiano, obra circunstancial del Libertador para poder realizar su pensamiento creador de nacionalidades, las cuales separadas, no hubiesen podido resistir la acción defensiva del Estado Español (p. 79).

Desde luego, de estos acontecimientos sirvieron para Brewer-Carías (2014) como el *"período constituyente"* del Estado venezolano, pues *"en este primer período, en todo caso, se sentaron las bases de lo que sería el constitucionalismo venezolano posterior, al adoptarse los principios básicos del constitucionalismo moderno producto de las revoluciones norteamericana y francesa de finales del siglo XVIII, antes incluso que se sancionara la Constitución de la Monarquía Española de Cádiz de 1812"* (pp. 4-5).

Además, los acontecimientos que originaron el período cuartorepublicano devinieron en la consolidación del Estado federal, con el que predominaron las guerras federales desatadas por caudillos regionales ávidos del poder nacional. Llegado este punto, tomamos la síntesis de Brewer-Carías (2014), al establecer que:

> *El segundo período en la historia constitucional de Venezuela (1863-1901) corresponde al de la federalización del Estado, el cual fue marcado por la Constitución que figuró el Estado federal (1864), producto de una Asamblea Constituyente convocada al concluir las guerras federales, bajo cuya fórmula se desarrolló la autocracia liberal, con modificaciones parciales en múltiples ocasiones (1874, 1881, 1891, 1893). Este período concluyó con la Revolución Liberal Restauradora de 1899 y las «guerras» libradas contra los caudillos regionales"* (p. 12).

De manera que, este período representó la modernización del constitucionalismo respecto de las primeras experiencias republicanas, también contó con un ciclo de caudillismos que comenzó con Páez respaldado por la oligarquía conservadora, tal como lo recogió la Asamblea Nacional (2010), pues:

> *Durante el período de la oligarquía conservadora (1830-1848) el Congreso, como la República misma, dependía permanentemente del prestigio y la protección armada del caudillo José Antonio Páez. Es decir, tuvo cierta autonomía mientras no agrediera a Páez o desconociera el piso político que lo mantenía en el poder, de manera que no representaba la voluntad del pueblo sino la de un grupo oligárquico enfrentado con otros grupos de caudillos regionales"* (p. 6).

Así, la historia del Congreso ha estado marcada por seguir la suerte de un caudillo, predominantemente hombre militar que, paulatinamente terminó consolidando el sistema presidencial con una inclinación al ejercicio de poderes cuasi monárquicos mediante el cual, el Congreso dependería del caudillo que conquistase el poder nacional, pues éste asumiría en su persona la representación nacional, por tanto, la soberanía de Venezuela. Como muestra de esto, se recuerda aquel fatídico episodio político reseñado por la Asamblea Nacional (2010), cuando:

El 24 de mayo de 1848, el Congreso «conservador» se reunió con el propósito de enjuiciar y destituir al Presidente José Tadeo Monagas, acusándolo de violar varios artículos de la Constitución. Pero, un grupo armado de liberales atacaron la sede del Congreso en apoyo a Monagas. El resultado fue heridos, muertos, el fin de la hegemonía caudillista de Páez con la disolución del Congreso «godo» (núcleo de acción de la oligarquía conservadora) y la conformación de otro con los representantes que simpatizaban con el gobierno de Monagas (p. 6).

De esta manera, el fin de un caudillo quedaría sucedido por el surgimiento de uno nuevo, en efecto, a partir de 1848 y hasta la muerte de Juan Vicente Gómez en 1935, a propósito de ello, la Asamblea Nacional (2010) aseveró que *"el Parlamento (Congreso y Asambleas Constituyentes) existió entre dictaduras y gobiernos constitucionales, empero, a diferencia del «godo», perdió su relativa autonomía y capacidad de crítica y sería ahora un cuerpo pasivo, abiertamente servil a la voluntad suprema del Presidente de turno"* (p. 6).

Durante este tiempo, la ideología federalista impregnada en este período propio de la Cuarta República atendió primordialmente a guardar los intereses de los caudillos regionales a través de acuerdos y conspiraciones constantes que impedirían la estabilidad política del país, aunque se lograra que los estados de forma unida constituyeran las bases de la unión con la que permitiría la evolución estructural del Congreso, aunque careciera de autonomía política efectiva.

La Cuarta República, en medio de su longevidad mantuvo un sello caudillista, Brewer-Carías (2014) lo precisó como el período de la centralización del Estado y de la autocracia, pues:

El tercer período constitucional de Venezuela, que abarca desde 1901 a 1945, que corresponde a la consolidación del Estado nacional, signado por las Constituciones que dieron forma al Estado autocrático centralizado, comenzando con la Constitución de 1901, que revirtió la estructura federal, y sus sucesivas reformas de 1904, 1909, 1914, 1922, alcanzando su versión más acabada en la reforma de 1925, producto de la dictadura de Juan Vicente Gómez, que ya se había considerado como una dictadura «petrolera», la cual a su vez fue reformada parcialmente en varias ocasiones (1928, 1929, 1931), incluso al final de la época del predominio de los gobernantes andinos (1936-1945). Este período concluyó con la Revolución de Octubre de 1945 (p. 15).

Llegado a este punto, este lapso de transformación permitió una oportunidad de apertura del debate parlamentario, ya que el Congreso pudo, al menos parcialmente, convertirse en la arena política de partidos modernos que, tal como afirmara la Asamblea Nacional (2010), mediante sus líneas de acción se tradujeron en que, *"el espacio para la deliberación y crítica de las acciones del Poder Ejecutivo ganado por estos nuevos movimientos políticos en el parlamento se fue ampliando durante la Presidencia de Isaías Medina Angarita, la cual ha sido caracterizada como un gobierno de amplias libertades públicas"* (p. 7).

En este orden de cosas, los partidos políticos conquistaron un protagonismo en la escena política venezolana a partir de los años 40 del siglo XX, en consonancia con el nuevo orden mundial surgido luego de vivir las dos guerras mundiales se devino un proceso de democratización de las instituciones políticas del cual se sirvieron nuevas organizaciones políticas, gremiales y sindicales que demandaron tales cambios para la nación venezolana.

A propósito, bien resumió Brewer-Carías (2014) al decir que *"los sucesores políticos de Gómez, quien falleció en 1935, a pesar de la apertura democrática y de modernización iniciada por López Contreras y Medina, no supieron entender que el sufragio universal, directo y secreto en 1945, después de la Segunda Guerra Mundial, era el elemento esencial para consolidar la democracia que comenzaba a nacer"* (p. 17).

Siguiendo esta idea, la reforma de la Ingeniería Constitucional efectuada por el régimen político fue insuficiente, pues, *"con la reforma de 1945, en realidad no se tocaron los aspectos esenciales del régimen, lo que condujo a que la misma y el régimen político que se había iniciado a principios de siglo, cesaran meses después con la Revolución de Octubre de 1945, la cual, al menos del Acta Constitutiva de la Junta Revolucionaria de Gobierno, se constata que la misma se hacía, entre otros factores, para establecer el sufragio universal, directo y secreto, en beneficio del pueblo venezolano. Con ello se inició el cuarto período de la historia constitucional de Venezuela"* (pp. 17-18).

De manera que, como consecuencia de la Revolución de Octubre se conoció el inicio del sistema de democracia de partidos, que se consolidó con la convocatoria a una Asamblea Constituyente caracterizada por ser la primera expresada mediante elecciones universales, directas y secretas. Asimismo, promovió liderazgos parlamentarios tanto de partidarios del gobierno como de la oposición política, a pesar de ello, para la Asamblea Nacional (2010) esta característica también significó que *"el Congreso pasó a ser de un sitio para negociar a uno para refrendar lo negociado previamente en las cúpulas de los partidos"* (p. 7).

No obstante, el acontecimiento de la Revolución de Octubre conforma lo que Brewer-Carías (2014) denominó *"período de la estructuración del Estado democrático centralizado de Derecho"*, por cuanto:

El cuarto período de la historia constitucional de Venezuela, que transcurrió desde 1945 a 1998, y que corresponde al de la democratización del Estado petrolero, estuvo signado por los aportes de la Constitución de 1947, la cual fue adoptada por una Asamblea Constituyente plural, a pesar de su corta vigencia (1947-1948), sentó las bases del régimen democrático, que luego recogería la Constitución de 1961, que ha sido el de más larga duración en toda la historia del país, cuando en 1999 fue sustituida por la vigente Constitución de 1999 (p. 18).

En consecuencia, el sistema político desarrollado durante el proceso de este período de la Cuarta República adoptó para el Poder Legislativo un modelo bicameral depositado en el Congreso de la República, de modo que, con éste se pudo consolidar una modernización política e institucional, Neira (2006), para ilustrar un poco este período sostuvo que *"las reglas de juego fundamentales de dicho ordenamiento sociopolítico, que habían sido ya propuestas a mediados de los años 40, fueron retomadas a partir del 58 y canalizaron el discurrir democrático de Venezuela hasta 1998"* (p. 105).

Por tanto, de acuerdo con Neira (2006), fue propio de la Cuarta República que:

El orden resultante privilegió el consenso, la conciliación interélites, la evitación del conflicto y la aproximación pragmática a las decisiones políticas... Se le atribuyó al Estado un papel central en la estructuración de las principales coordenadas de la nación; al sector privado se le asignó un papel secundario en la activación de la vida económica...; se garantizó la plena vigencia del juego político electoral y se atribuyó un papel crucial a los partidos políticos como canales de agregación y articulación de intereses societales, y como agentes privilegiados de mediación entre el Estado y la sociedad (p. 105).

Entonces, el juego político al que se refirió Neira (2006) halló sus bases en el Pacto de Punto Fijo que, otrora, fue denominado *"verdadero tratado de regularización de la vida política nacional"* (p. 106). Tal pacto tuvo una connotación importante en el devenir de las relaciones políticas venezolanas, según las cuales, todo el andamiaje institucional pone su tutela al servicio de los partidos o, dicho en palabras de Sartori (1999), de la *"partidocracia"*, así las cosas:

Bien observa Urbaneja que, así, «quedó definida una relación de ocupación —o captura— entre el Estado y los partidos, y entre los partidos y el resto de la sociedad y sus organizaciones, esto último sobre el modelo de las relaciones entre AD (Partido Acción Democrática) y la CTV (Confederación de Trabajadores de Venezuela). Así, los partidos ¨capturan o controlan al Estado y movilizan, organizan — ¿crean? — y regulan el funcionamiento de la ¨sociedad civil¨, es decir, el resto de la sociedad y sus organizaciones. Se puede decir, sin simplificar arbitrariamente, que la historia del sistema político venezolano [en estos 40 años] es la historia de las variaciones que se dan dentro de estas relaciones y en las tensiones que dichas variaciones producen» (pp. 106-107).

Por otro lado, según Neira (2006), la Constitución de 1961 *"configuró la estructura formal del Estado venezolano. Estableció una pauta de relaciones entre los poderes públicos, que bien puede calificarse de presidencialista y centralista"* (p. 107). Esta pauta de relaciones quedó, como se dijo anteriormente, tutelada por un sistema de partidos fuerte, tendiente a la partidocracia, de la cual Neira explica que *"fue, en la práctica, el control del Estado y de sus riquezas por los partidos políticos y el control de éstos por sus cogollos. Desde 1958, tanto AD (socialdemócrata) como COPEI (socialcristiano) lograron excluir a terceras fuerzas del juego político efectivo, y fomentaron una estricta disciplina partidista como base para el mantenimiento del sistema"* (p. 126).

Desde luego, esta relación entre el Estado y los partidos permitió que todas las instituciones, incluido el Congreso, respondieran antes que nada a los intereses de estas organizaciones a través de sus dirigentes, por ello Neira (2006) aseveró que:

Un observador extranjero e imparcial designa esta situación como «un caso extremo de partidoquía, un síndrome en el cual los canales de representación ciudadana están bloqueados tanto dentro como fuera de los partidos, en la que los dirigentes no electos (cúpulas) ejercen una influencia indebida sobre los legisladores, y el Congreso tiende a debatirse entre los roles extremos de sello de aprobación o piedra de tranca» (p. 126).

Es por ello que, de la decadencia originada en la crisis existencial de los partidos, la conflictividad política devino en la caída de la Cuarta República, con el cual se cerró un ciclo de la vida republicana de Venezuela definitivamente sellado con la aprobación de la Constitución de la República (ahora) Bolivariana de Venezuela y, con ella, la instauración de la Quinta República. De manera que, el nuevo ciclo político se abrió a consecuencia de la modificación del modelo político que reafirmó el sistema presidencialista de gobierno, aunque modificó el modelo del Poder Legislativo.

De manera que, el sistema erigido como democrático y de Derecho comenzó a verse debilitado, por cuanto, como ilustró Brewer-Carías (2014), al referir que:

Desde la década de los ochenta, comenzó a resquebrajarse, y se desmoronó a la vista de los ojos de los venezolanos, de manera que de la crisis resultó el vacío de poder y de liderazgo partidista, que se llenó con el asalto al poder que se efectuó a partir de 1999, en fraude a la Constitución y a la propia democracia, bajo el comando de Hugo Chávez Frías, quien impuso un esquema estatal autoritario y centralizado, cuyas bases se plasmaron en la Constitución vigente de 1999 (p. 24).

Empero, en contraste, Neira (2006) explicó que:

La IV República se cayó por sí misma, se erosionó, al permitir que la crisis arriba señalada se agravara y engendrara como una némesis el «fenómeno» Chávez. Con miopía y muy divididas entre sí, las categorías dirigentes del país pensaron que podrían facilitar la aparición de un «mesías salvador» que arreglara las cosas. Y las masas, ingenuas y presas fáciles de utopías de oropel, no tardaron en aclamarlo (p. 139).

Hasta aquí, vemos que el sistema político venezolano es la conjugación de contextos, costumbres sociopolíticas y coyunturas, no escapa de la mención de la trama mediante la cual sentó sus cimientos la estructura política que resultó de la nueva Constitución, proveniente de un proceso popular constituyente que definió el paradigma de conducción política de un solo hombre por sobre las organizaciones –partidistas, sociales, elitistas–, es decir, el poder del Presidente de la República.

Por tanto, la crisis política de la decadencia de la democracia de partidos conllevó al señalado por Brewer-Carías (2014) como *"período contemporáneo de Estado centralizado y autoritario, desde 1999, con ocasión de una Asamblea Nacional Constituyente"*, mientras que Neira (2006) considera que con éste se ha iniciado el proceso político de la Quinta República, sin embargo, Brewer-Carías (2014) nos presenta un punto de quiebre, al establecer que:

Como consecuencia de la crisis del Estado democrático, puede decirse que en 1999 se inició un quinto período de la historia política constitucional de Venezuela, que está aún en proceso de configuración, mostrándonos después de más de una década, la implantación inicial de un régimen político de Estado autoritario centralizado y populista, al cual se le ha impuesto, al margen de la propia Constitución de 1999, solo legalmente, un signo socialista, todo lo cual ha ocurrido mediante el paralelo y progresivo desmantelamiento y desmoronamiento de las bases del Estado de derecho, del sistema de separación de poderes, del régimen de la federación, de los sistemas de control y contrapesos del poder y de la propia democracia representativa (pp. 24-25).

Por su parte, Neira (2006) nos muestra la crónica, en virtud de la aprobación del nuevo modelo político, aquel:

Se arrasó con las antiguas instituciones, y las nuevas de la Constitución del 99 no funcionan o funcionan sólo al servicio del «proceso revolucionario» del Ejecutivo (Asamblea Nacional, el Tribunal Supremo de Justicia, Consejo Nacional Electoral, Poder Ciudadano con sus instituciones de Fiscalía General, Contraloría, Defensoría del Pueblo). La Fuerza Armada se politizó y convirtió en deliberante, no al servicio de la nación sino del proyecto político del actual gobernante de turno (p. 201).

De esta forma, el nuevo sistema político venezolano sufrió una transformación dejando como evidencia que su principal propósito no era *"fortalecer las nuevas instituciones"*, sino *"liquidar a las viejas"* (p. 203). Siendo así, el proceso de la Quinta República se constituye como una causa de ajusticiamiento institucional, transformación del modelo de participación política y ensanchamiento de las atribuciones del Presidente de la República frente a los demás órganos del Estado.

Poder Ejecutivo

Al llegar a este punto, es necesario entender la conformación del Poder Ejecutivo dentro de los límites de la Constitución venezolana de 1999, según la cual es ejercido por medio del Presidente de la República acompañado por el Vicepresidente Ejecutivo, los Ministros y demás funcionarios determinados por la Constitución (Artículo 225), asimismo, las funciones ejecutivas hallan complemento en la Procuraduría General de la República, el Consejo de Estado y la denominada Administración Pública Descentralizada.

Como hemos mostrado, los sistemas de origen presidencial combinan las cualidades de jefatura de Estado con las funciones de Gobierno, tal es el caso de Venezuela, donde el Presidente de la República reúne tales condiciones (Artículo 226), es electo popularmente mediante el voto universal, directo y secreto (Artículo 228) y goza de un período de mandato preestablecido constitucionalmente de seis años con posibilidad de reelección inmediata (Artículo 230).

Como consecuencia de esto, la figura del Presidente obtiene su base de legitimidad al ser producto de una elección popular que conlleva a hacerlo responsable de sus actos individualmente ante la ley (Artículo 232), mientras se encuentre en el ejercicio de su mandato, sin embargo, no se establece la figura de la responsabilidad política ante el Poder Legislativo, sino más bien se consagra la responsabilidad del Presidente directamente ante el pueblo, por tanto, se ratifica la legitimidad obtenida por medio del origen electoral en el desarrollo de las funciones institucionales del Ejecutivo y el Legislativo.

Empero, para Brewer-Carías (2005) esta diferenciación en la práctica del poder se ve afectada dentro del sistema venezolano, ya que *"...el ejercicio de las funciones propias de los órganos de cada uno, no es exclusivo ni excluyente, pudiendo, en dicho ejercicio, haber interferencia por parte de los órganos de los otros poderes estatales"* (p. 73).

Por su parte, Fernández (1998) sugirió que:

(...) el diseño constitucional venezolano recarga al Presidente de potestades y atribuciones. Esto, durante una época hizo posible la existencia de una Presidencia fuerte frente a una sociedad civil poco organizada, relativamente simple y bastante más pobre que el Estado. Hoy en día, frente a un Estado pobre, grande y complejo, y una sociedad civil variada y desigual, la sobrecarga de potestades y atribuciones es un fardo que debilita a la Presidencia en lugar de fortalecerla (p. 124).

Siguiendo las afirmaciones anteriores, el sistema venezolano concibe formas o, mejor dicho, formalidades que definen el predominio del presidencialismo en medio de su Ingeniería Constitucional, ello se evidencia con el establecimiento de la figura de las faltas del Presidente que, bien podrían ser absolutas o temporales. Ahora bien, la falta puede tener doble significado, pues según Ossorio (2006) se puede entender como *"defecto en el obrar, quebrantamiento de la obligación de cada uno"*, o también como *"ausencia de una persona del sitio en que hubiera debido estar, y nota o registro en que se hace constar esa ausencia"* (p. 406).

Dado que el Presidente es la figura que encabeza el Ejecutivo dentro del sistema venezolano, vale subrayar el doble destino de su poder, puesto que ejerce funciones de Jefe de Estado y de Gobierno al mismo tiempo. De modo que, dirige el Estado al estar facultado para:

- Dirigir las relaciones exteriores de la República y celebrar y ratificar los tratados, convenciones o acuerdos internacionales.

- Dirigir la Fuerza Armada Nacional en su carácter de Comandante en Jefe, ejercer la suprema autoridad jerárquica de ellas y fijar su contingente.

- Ejercer el mando supremo de la Fuerza Armada Nacional, promover sus oficiales a partir del grado de coronel o capitán de navío, y nombrarlos para los cargos que le son privativos.

- Designar, previa autorización de la Asamblea Nacional o de la Comisión Delegada, al Procurador General de la República y a los jefes de las misiones diplomáticas permanentes.

- Conceder indultos (Artículo 236, ordinales 4, 5, 6, 15 y 19).

Por otra parte, el Presidente goza de autoridad para encabezar la acción de gobierno, por tanto, el régimen político venezolano establece como facultades del mismo:

- Cumplir y hacer cumplir la Constitución y la ley.

- Dirigir la acción de gobierno.

- Nombrar y remover al Vicepresidente Ejecutivo, nombrar y remover los Ministros.

- Declarar los estados de excepción y decretar la restricción de garantías.

- Dictar, previa autorización por una ley habilitante, decretos con fuerza de ley.

- Convocar a la Asamblea Nacional a sesiones extraordinarias.

- Reglamentar total o parcialmente las leyes.

- Administrar la Hacienda Pública Nacional.

- Negociar los empréstitos internacionales.

- Decretar créditos adicionales al presupuesto, previa autorización de la Asamblea Nacional o de la Comisión Delegada.

- Celebrar los contratos de interés nacional.

- Nombrar y remover a aquellos funcionarios cuya designación le atribuye la Constitución y las leyes.

- Dirigir a la Asamblea Nacional, personalmente o por intermedio del Vicepresidente Ejecutivo informes o mensajes especiales.

- Formular el Plan Nacional de Desarrollo y dirigir su ejecución previa aprobación de la Asamblea Nacional.

- Fijar el número, organización y competencia de los ministerios y otros organismos de la Administración Pública Nacional, así como también la organización y funcionamiento del Consejo de Ministros.

- Disolver la Asamblea Nacional en el supuesto establecido en la Constitución; convocar referendos; convocar y presidir el Consejo de Defensa de la Nación; por último, las demás que le señale la Constitución y las leyes (Artículo 236, ordinales 1, 2, 3, 7, 8, 9, 10, 11, 12, 13, 14, 16, 17, 18, 29, 21, 22, 23, 24).

En este sentido, el Presidente ejerce esta serie de atribuciones con la obligación de que sus actos, por una parte, se ejecuten por medio del Consejo de Ministros y, por la otra, sean refrendados por el Vicepresidente Ejecutivo y el Ministro a que corresponda la acción de gobierno, con esto queda en evidencia que el sistema venezolano adoptó la forma solidaria de responsabilidad de todo el Poder Ejecutivo.

Sin embargo, para Fernández (1998) todo este compendio de atribuciones, heredadas algunas de los anteriores regímenes constitucionales, representa desventajas para la mejor conducción del Estado, por ello arguye que:

El llamado «presidencialismo», entendido como un modo de conducción del Estado, encuentra una causa, entre otras muchas, en el diseño constitucional, que hace al Presidente de la República la persona con mayor asignación de potestades en todo el Estado y la sociedad, concentrando tal cantidad de competencias y de facultades que su desempeño, a la vez de ineficiente, puede llegar a troncarse en arbitrario. Ello ocurre en desmedro de la eficiencia y democracia de la gestión pública. Es así como el llamado presidencialismo de la estructura de gobierno del Estado venezolano conlleva al presidencialismo como práctica política autoritaria, vale decir, el diseño constitucional privilegia el personalismo en la conducción del Estado. (p. 126).

De manera que, una de las variantes que surgió con el desarrollo de la Ingeniería Constitucional venezolana fue el establecimiento de la función del Vicepresidente Ejecutivo, con el que se intentó atenuar el ejercicio de las atribuciones del Presidente. Con ello, se incorporaría una figura que virtualmente permitiese un mayor desenvolvimiento y despersonalización del trabajo administrativo del Gabinete Ejecutivo.

Sin embargo, para Fernández (2010), *"el Vicepresidente venezolano, se aproxima en algo a la función de un primer ministro en un sistema semipresidencialista, pero sin llegar a alcanzar su relieve y protagonismo. Está sometido a una doble responsabilidad y doble confianza. En primer lugar, frente al Presidente y luego frente al Poder Legislativo"* (p. 369).

En consecuencia, la figura del Vicepresidente Ejecutivo termina más bien por reafirmar la vocación presidencialista de la ingeniería constitucional venezolana, dado que, si bien se condiciona su actuación con responsabilidad política ante el parlamento, éste no debe su nombramiento a dicho cuerpo, sino a la voluntad del Presidente de la República, pues la función de aquel es ser colaborador inmediato de éste (Artículo 238).

De manera que, la designación del Vicepresidente Ejecutivo queda por cuenta del Presidente de la República, sin mediación con otras instituciones o poderes de la República, aunque quien ocupa este cargo debe reunir las mismas condiciones de elegibilidad del Presidente no tiene que ser sometido a un proceso de elección popular, igualmente, es resaltable el requisito de no tener ningún parentesco con el Jefe de Gobierno (Artículo 238).

Asimismo, este puesto de colaborador inmediato está diseñado para ejercer competencias de sustituto del cargo de Presidente, tanto para las faltas temporales (Artículo 239, ordinal 8) como para algunos de los supuestos de falta absoluta (Artículo 233). De ahí que, también se hace copartícipe del Presidente en las funciones de gobierno, ya que todos los actos de aquel deben ser refrendados o, lo que es lo mismo, avalados por el Vicepresidente Ejecutivo para que los mismos gocen de fuerza.

De modo que, por medio de delegación presidencial también puede ejercer como coordinador del Consejo de Ministros y de la Administración Pública, igualmente puede organizar las relaciones del Ejecutivo Nacional con la Asamblea Nacional (Artículo 239 ordinales 2, 4 y 5).

Por otro lado, los Ministros se despliegan en el Poder Ejecutivo haciendo un conjunto con el Presidente y el Vicepresidente Ejecutivo; se caracterizan por ser órganos directos del Presidente de la República y, la composición de todos estos integra el Consejo de Ministros (Artículo 242). Así pues, Leal (2012) nos muestra la cualidad de los Ministros, al sostener que:

(...) Su misión es agregar y sintetizar los conocimientos y tomar decisiones o presentar al Presidente y al Consejo de Ministros la información que se requiere para tomar decisiones. Las decisiones políticas corresponden al Presidente junto con el Ministro, mientras las administrativas al Ministro, pues las decisiones deben comprender a quien posea las habilidades y conocimientos que se requieren para una específica decisión (Simón, 1997: 9). Mientras que las políticas corresponden a quien tiene la legitimidad para tomarlas, es decir, al Presidente que representa la voluntad popular manifestada por el voto (p. 53).

Además, dentro del esquema diseñado por la ingeniería constitucional venezolana, según Brewer-Carías (2005) los Ministros pueden ser de dos clases: se plantea el Ministro de Despacho y se propone el Ministro de Estado. Por lo general, los Ministros son los titulares de los Despachos Ministeriales que resultan de la organización de los Ministerios. Además, el Presidente de la República puede designar Ministros de Estado (sin cartera), quienes además de participar en el Consejo de Ministros, cumplen con una función estrictamente asesora, tanto del Presidente, como del Vicepresidente Ejecutivo (p. 137).

A esto se añade la composición y número de Ministerios, que es una discrecionalidad del Presidente, a propósito Fernández (2010) sostuvo que:

El número, organización y competencia de los Ministerios y organización del Consejo de Ministros, con arreglo a los principios y lineamientos señalados en la Ley Orgánica, en una atribución del Presidente de la República, a partir de 1999. Esta atribución la tenía, según la Constitución del 61, el Congreso de la República a través de una ley, pero creemos, como lo planea la Exposición de Motivos de la Constitución, que se hacía necesario que fuera el Presidente de la República, quien determinara de acuerdo a las necesidades del país, cuales Ministros debían existir y que despachos no tenían sentido (p. 376).

Por otro lado, así como se define el nombramiento del Vicepresidente Ejecutivo, la designación del Ministro no deviene del voto de confianza de parte del Poder Legislativo, dado a que es únicamente el Presidente quien está facultado para nombrar a estos funcionarios.

Sin embargo, los Ministros quedan sometidos, tanto frente al Presidente como respecto de la Asamblea Nacional, en virtud de ello, Leal (2012) aclaró, en cuanto al Poder Legislativo que, *"la responsabilidad política se hace efectiva a través de la moción de censura y solo procede contra el Vicepresidente y los Ministros, los únicos que pueden ser declarados responsables políticamente"* (p. 59).

Los miembros del Poder Ejecutivo se reúnen en el Consejo de Ministros, que es un órgano colegiado normado por el Decreto con Rango, Valor y Fuerza de Ley Orgánica de la Administración Pública (2014), según el cual queda encargado de la consideración y aprobación de las políticas generales y sectoriales que son de la competencia del Poder Ejecutivo Nacional (Artículo 53).

En cierto modo, la figura del Consejo de Ministros tiene como objeto atenuar el ejercicio unipersonal del poder por parte del Presidente, por ello la Ingeniería Constitucional venezolana establece el mecanismo de la responsabilidad solidaria mediante la cual todos los actos de gobierno deben emanar de este órgano colegiado, según la cual, el Vicepresidente Ejecutivo, los Vicepresidentes Sectoriales y los Ministros serán solidariamente responsables con el Presidente de la República de las decisiones adoptadas en las reuniones del Consejo de Ministros a que hubieren concurrido, salvo que hayan hecho constar su voto negativo (Artículo 59).

De manera que, la aparición de este órgano colegiado en la Constitución de 1999 persigue de una manera muy tímida establecer mecanismos colectivos de ejecución de las funciones de gobierno, ya que, se intenta someter al Presidente a un gobierno de gabinete según el cual se permite mitigar la acción unipersonal del poder, pero sin el Presidente tal órgano no goza de fuerza colectiva de gobierno.

No obstante, el Presidente queda obligado a refrendar una buena parte de sus atribuciones de gobierno por medio del Consejo de Ministros, de modo que, si bien este cuerpo carece de poder efectivo de constreñimiento frente a la figura del Presidente, éste último necesita del concurso de los Ministros y el Vicepresidente para:

- Declarar los estados de excepción y decretar la restricción de garantías en los casos previstos en la Constitución.

- Dictar, previa autorización por una ley habilitante, decretos con fuerza de ley.

- Convocar la Asamblea Nacional a sesiones extraordinarias.

- Reglamentar total o parcialmente las leyes.

- Negociar los empréstitos nacionales.

- Decretar créditos adicionales al Presupuesto, previa autorización de la Asamblea Nacional o de la Comisión Delegada.

- Celebrar los contratos de interés nacional conforme a la Constitución y a la ley.

- Formular el Plan Nacional de Desarrollo y dirigir su ejecución previa aprobación de la Asamblea Nacional.

- Fijar el número, organización y competencia de los ministerios y otros organismos de la Administración Pública Nacional, así como también la

organización y funcionamiento del Consejo de Ministros, dentro de los principios y lineamientos señalados por la correspondiente ley orgánica; disolver la Asamblea Nacional en el supuesto establecido en la Constitución.

- Convocar referendos en los casos previstos en la Constitución (Artículo 236, ordinales 7, 8, 9, 10, 12, 13, 14, 18, 20,21 y 22).

Para Leal (2012), *"las decisiones que se adopten por el Presidente en Consejo de Ministros necesitan formalmente un acuerdo de voluntades de los órganos del Poder Ejecutivo Nacional. Pero dada la estructura de incentivos se toman por asentimiento"* (p. 68).

Adicionalmente, el Ejecutivo cuenta con un Consejo de Estado, que es definido como un órgano superior de consulta del Gobierno y de la Administración Pública (Artículo 251). Al respecto, Zambrano (2004) dijo que *"la Constitución ha creado el Consejo de Estado siguiendo la experiencia francesa, que tiene un órgano que es al mismo tiempo consejero y juez, porque es la más importante jurisdicción administrativa en Francia y al mismo tiempo, consejero del poder central"* (p. 345). Sin embargo, las consultas que haga el Presidente no tienen carácter de obligatorias o vinculantes, puesto que tal cuerpo está únicamente dotado de función asesora.

Si bien, al detallar la estructura que presenta la Ingeniería Constitucional venezolana, se puede observar que a pesar de que pareciera colectivizarse la acción política del Ejecutivo e incluso, aunque se presenta una idea de desconcentración de poder en lo que concierne al Poder Ejecutivo establecido en la Constitución de 1999, queda en evidencia que, de acuerdo con la descripción de Fernández (1998), *"(...) la denominación de Estado «federal» que hace la Constitución, resulta meramente nominativa, porque en lo real es un Estado unitario (...)"* (p. 129).

En suma, se entiende que el presidencialismo quedó remarcado en el proyecto constitucional de 1999, figuras como la del Vicepresidente representan un intento de atenuar las facultades del Presidente de la República, incluso el elemento colegiado de los órganos del Poder Ejecutivo, a simple vista, indica la racionalización del poder del Jefe de Gobierno pero la realidad es que el Presidente reúne atribuciones que le permite gobernar con pocas limitaciones, pues, si bien es cierto que requiere el refrendo de los demás integrantes del Poder Ejecutivo, no es menos cierto que ellos quedan subordinados a su liderazgo y jefatura.

Así las cosas, el sistema presidencial está caracterizado por un Ejecutivo con funciones y legitimidad propias, ajenas a la del parlamento o —como es el caso común de los países presidencialistas— de los Órganos Legislativos. El modelo venezolano no escapa a ello, es decir, una vez estudiado el Ejecutivo resulta pertinente el análisis del Poder Legislativo de forma separada, de manera que se pueda identificar el método de contrapesos establecido en la Constitución de 1999.

Poder Legislativo

El Poder Legislativo venezolano se ha caracterizado por mantener durante todas sus etapas de historia republicana, hasta el proceso de la Quinta República, un modelo de parlamento bicameral, que resulta bien descrito durante los últimos lustros esta etapa del Congreso venezolano por Oberto (1998), quien comentó que:

Si bien en esta oportunidad parece innecesario hacer referencia a las diversas clasificaciones doctrinales de los sistemas bicamerales, así como tampoco la ubicación entre ellos del sistema bicameral venezolano, puede ser conveniente recordar las razones fundamentales que lo justifican, algunas expresamente citadas en las actas de la Comisión Redactora del Proyecto de 1961, tal como lo señala el Dr. José Guillermo Andueza en su trabajo El Congreso, Estudio Jurídico, «el bicameralismo puede explicarse por razones históricas, por razones federales y por razones de conveniencia o de oportunidad». Razones que, como ayer, justifican hoy la estructura bicameral del Congreso de la República (pp. 159-160).

Hoy, el Poder Legislativo venezolano cuenta con una estructura unicameral de Cuerpo Legislativo denominado Asamblea Nacional, que a su vez se compone con las comisiones permanentes y especiales de la Cámara, además, cuenta con la Comisión Delegada. De ahí, los funcionarios que ejercen las funciones parlamentarias son los diputados, quienes derivan su legitimidad al igual que el Presidente de la República, es decir, a través del voto, que brevemente describió Aveledo (2013) como producto de un sistema electoral de tipo proporcional personalizado, además, agrega que *"se descarta el sistema mayoritario y, entre las posibilidades del proporcional, escoge aquel que incluye la personalización del voto"* (p. 136).

Ahora bien, para Aveledo (2013) fue pertinente desglosar las funciones de la Asamblea Nacional reconocidas en el texto constitucional, con base en tres funciones básicas que caracterizan al parlamento venezolano en su devenir histórico, por ello, este órgano legislativo nacional cuenta con funciones políticas, legislativas y las funciones de control. De la misma forma, las funciones políticas de las cámaras parlamentarias incluyen la representación, la deliberación y la orientación política (p. 77).

De manera que, la Asamblea Nacional ejerce un rol de orientación política al organizar y promover la participación ciudadana en los asuntos de su competencia; además cuenta con la posibilidad de decretar amnistías que, en sí misma, por polémica que pueda llegar a ser, preconiza el carácter deliberativo de una cámara parlamentaria; asimismo, el sistema venezolano adopta la figura del voto de censura al Vicepresidente Ejecutivo y a los Ministros, por tanto, se abre la posibilidad de efectuar decisiones políticas improbando las cuentas presentadas o rechazando la gestión política o administrativa de estos funcionarios del Ejecutivo (Artículo 187, ordinales 4, 5 y 10).

De modo que, la Asamblea Nacional compone en sí misma al Poder Legislativo, valga entonces, la facultad por antonomasia de legislar, por ende, posee la facultad de legislar en las materias de la competencia nacional y sobre el funcionamiento de las distintas ramas del Poder Nacional (Artículo 187, ordinal 1), entonces, bajo esta premisa, el parlamento en Venezuela goza de primacía para disponer de la competencia para:

La legislación en materia de derechos, deberes y garantías constitucionales; la civil, mercantil, penal, penitenciaria, de procedimientos y de derecho internacional privado; la de elecciones; la de expropiación por causa de utilidad pública o social; la de crédito público; la de propiedad intelectual, artística e industrial; la del patrimonio cultural y arqueológico; la agraria; la de inmigración y poblamiento; la de pueblos indígenas y territorios ocupados por ellos; la del trabajo, previsión y seguridad sociales; la de sanidad animal y vegetal; la de notarías y registro público; la de bancos y la de seguros; la de loterías, hipódromos y apuestas en general; la de organización y funcionamiento de los órganos del Poder Público Nacional y demás órganos e instituciones nacionales del Estado; y la relativa a todas las materias de la competencia nacional (Artículo 156, ordinal 32).

No obstante, las competencias legislativas no son de exclusividad del Poder Legislativo, puesto que, la Constitución de 1999 concibe al Poder Público Nacional con funciones distribuidas, por ello, en casos excepcionales y bajo condiciones previstas en el texto constitucional, las otras ramas del Poder Público Nacional tienen la posibilidad de legislar, como por ejemplo, puede hacerlo el Presidente de la República a través de una ley habilitante aprobada por la Asamblea Nacional, así como puede reglamentar total o parcialmente las leyes, sin alterar su espíritu, propósito y razón (Artículo 236, ordinales 8 y 10).

En este orden de cosas, la Asamblea Nacional puede proponer enmiendas o reformas a la Constitución, discutir y aprobar el presupuesto nacional y todo proyecto de ley concerniente al régimen tributario y al crédito público, así como también tiene la potestad de dictar su reglamento y aplicar las sanciones que en él se establezcan (Artículo 187, ordinales 2, 6 y 19), es decir, que la función legislativa del parlamento puede variar entre la iniciativa legislativa, el proceso de elaboración y aprobación de leyes, la participación en enmiendas y reformas a la Constitución y, no menos importante, la reglamentación de su funcionamiento interno como Poder del Estado.

Por otro lado, el Órgano Legislativo nacional está dotado de la función de control, mediante la cual, la Ingeniería Constitucional venezolana trata de generar contrapesos, en principio, con el Poder Ejecutivo, de modo que, la Asamblea Nacional puede ejercer funciones de control sobre el gobierno y la administración pública nacional (Artículo 187, ordinales 3, 7, 8, 9, 11, 12, 13, 14, 17 y 18).

Indudablemente, al comprender el uso de las diferentes acepciones del vocablo Constitución, es posible abordar la Ingeniería Constitucional venezolana, sobre todo porque si se trata de la comprensión de su sistema político es fundamental conocer los contextos mediante los cuales se generaron las experiencias republicanas. De este modo, se entiende que el caudillismo marcó definitivamente la suerte de Venezuela desde sus primeras etapas nacionales, por lo cual, no es extraño el hecho de que el Poder Legislativo dependa excesivamente del liderazgo presidencial.

En este orden de cosas, conviene destacar el comentario de Oberto (1998), quien dejó dicho respecto del bicameralismo del parlamento venezolano de otrora, que:

(...) de acuerdo con el diseño constitucional aplicado podemos contar con un «buen bicameralismo» o con un «mal bicameralismo» según la terminología utilizada por Giovanni Sartori, que —en el primer caso— en su relativa simetría encuentre un funcionamiento expedito del poder legislativo, ajeno a trabas y obstáculos caprichosos, o por lo contrario que —en el segundo caso— en él se de el germen de la disociación entre las ramas del poder público y la paralización del Estado. Igual cosa ocurrirá con el equilibrio de la relación entre el Legislativo y el Ejecutivo, en función de la realización de los fines del Estado, a mantener entre el «deber ser» y las posibilidades de una de dichas ramas del poder público de forzar a la otra, en el ejercicio de sus funciones y contra el interés de la comunidad nacional como un todo (p. 164).

De esta manera, el Poder Legislativo venezolano a la luz del modelo constitucional de 1999, padece por la desaparición una de sus cámaras, pues, con tal desmantelamiento parlamentario se dejó en desventaja al Cuerpo Legislativo frente a los poderes fácticos asociados al presidencialismo venezolano, por tanto, se disminuyó considerablemente la capacidad de representación política del pueblo y de las entidades federales en su conjunto.

El funcionamiento del Poder Ejecutivo y del Poder Legislativo es el resultado de años de relaciones mediante las cuales se define el sistema político venezolano, los alcances y los controles a que estarían sujetos los integrantes del Ejecutivo frente a la Asamblea Nacional. Las mismas permiten definir las posibilidades ciertas de que se elabore una migración del presidencialismo hacia un modelo parlamentario, para ello, conviene examinar la relación entre Asamblea Nacional y órganos del Ejecutivo; así como Asamblea Nacional y los militares.

EL SISTEMA

El sistema político venezolano data de una intensa historia de caudillismos y excesivas atribuciones presidenciales, por ello, ha resultado un debate interesante en cuanto a la posibilidad de sustituir el presidencialismo venezolano por un parlamentarismo. Una de las argumentaciones si se propone este cambio como solución se halla en la búsqueda de la disminución de las facultades del Presidente de la República.

Sin embargo, es oportuno revisar la estructura del Cuerpo Legislativo venezolano, pues, es necesario conocer su organización, su alcance y su influencia dentro del sistema. Además, la connotación que ha aportado la cultura política venezolana ha permitido definir los rasgos de gobierno, por ello, también resulta acertado hacer una breve parada en el tema militar, debido a la alta participación castrense en el nacimiento y desarrollo de la historia republicana.

Estructura y funcionamiento del órgano legislativo

La Asamblea Nacional está conformada por una única Cámara de diputados, quienes en conjunto conforman la plenaria del Poder Legislativo venezolano. En este sentido, tal Cámara está encabezada por una Junta Directiva, además cuenta con el apoyo de las Comisiones Permanentes, la Comisión Delegada (Artículos 193, 194 y 195 de la Constitución de la República Bolivariana de Venezuela) y, asimismo, con su Comisión Consultiva incluida en el Reglamento Interior y de Debates del año 2010 (Artículo 36).

En consecuencia, la Asamblea Nacional, al ser la entraña del Poder Legislativo venezolano, está dotada de cierta autonomía funcional que, a la postre, se expresa en la potestad que tiene para darse su propio presupuesto y estructura funcionarial, por tanto, su propia administración. En función de ello, el Reglamento Interior y de Debates (2010) establece que, anualmente, la plenaria de este Cuerpo Legislativo debe elegir de su seno a una Junta Directiva que está conformada por un Presidente y dos Vicepresidentes, en ese mismo proceso la cámara designa a un Secretario y a un Subsecretario que provienen de fuera de su seno (Artículo 6).

Por otra parte, las funciones de la Asamblea Nacional son ejercidas por los diputados, la Ingeniería Constitucional venezolana los define como representantes del pueblo y de los Estados (entidades federales) en su conjunto, no sujetos a mandatos ni instrucciones sino solo a su conciencia, en consecuencia, el voto de un diputado en la Asamblea Nacional es personal (Artículo 201).

De manera que, a la luz del texto constitucional, se quiere que el diputado represente en un tiempo al pueblo y a la entidad federal por la que fue elegido. Del mismo modo, podemos comprender al diputado como un funcionario político que no debe compromiso más que a su conciencia, por tanto, no queda sometido a disciplina partidista durante su gestión parlamentaria. Zambrano (2004) resume que *"el voto del diputado en la Asamblea Nacional es personal, en el sentido de que no compromete ni a la fracción parlamentaria ni al grupo político en que milite el diputado"* (p. 272).

En consecuencia, el régimen de la Constitución de 1999 fundamenta una perspectiva del carácter representativo del diputado y demás funcionarios de origen electoral, pues, contextualiza la relación del representante directamente con el electorado con base en la responsabilidad que asume, dejando de tener una conexión por intermedio exclusivo de los partidos políticos, al dejar por sentado que este tipo de organizaciones dimiten de gozar de reconocimiento constitucional como único medio de acceso a los cargos de representación popular, esto se evidencia en el argumento plasmado en la Exposición de Motivos de la Constitución vigente, cuando expresa:

En cuanto a las diferentes etapas de los procesos electorales se otorga a los ciudadanos amplias posibilidades de participación superando las restricciones del sistema partidocrático que nos rigió. En este sentido, tanto en la fase de la postulación de candidatos como en el ejercicio de la supervisión y vigilancia del proceso electoral se consagra constitucionalmente la participación por iniciativa propia, de partidos políticos o de otras asociaciones con fines políticos (Exposición de Motivos de la Constitución de la República Bolivariana de Venezuela).

Esta revelación deja en evidencia la razón de la que se sirve el sistema político venezolano para dotar de independencia al diputado al momento de hacer uso de su voto y opinión parlamentaria, lo que quiere decir que, el ánimo de su gestión parlamentaria no se supedita a la disciplina partidista. Las ideas expuestas, quedan reflejadas con Brewer-Carías (2005), al dejar claro que *"con esta norma, en principio, habrían quedado proscritas las fracciones parlamentarias de carácter partidista o grupal"* (p. 115).

Por su parte, Aveledo (2013) ilustró que la disciplina parlamentaria o partidista se ha convertido en parte esencial de los sistemas políticos contemporáneos, pues *"es natural al interés de los partidos el que sus parlamentarios se mantengan leales a la disciplina de la organización. Es parte de la preservación de su influencia, tanto en el Parlamento como en la sociedad"*, empero, *"aunque los grupos parlamentarios son una emanación directa de los partidos, no son apéndice de ellos. El origen del mandato de sus miembros en el sufragio popular les confiere un grado de autonomía"* (p. 116).

En el fondo, a pesar de que la Ley de Partidos Políticos (2010) reconoce que los partidos políticos son agrupaciones cuyos miembros convienen en asociación para participar por medios lícitos en la vida política del país (Artículo 2), tal legislación insiste en que todo ciudadano electo por voluntad popular queda sujeto es al compromiso electoral plasmado en el programa de gestión consignado ante el organismo electoral correspondiente (Artículo 26).

En consecuencia, el reconocimiento hacia la función partidista es de carácter electoral, es decir, solo llega hasta el proceso electoral per se, por tanto, el diputado electo quedaría liberado de la disciplina partidista y se sujetaría principalmente a su programa de gestión con el que llegó a ser preferido por los electores para un período determinado.

Al mismo tiempo, el sistema político venezolano establece la incompatibilidad de funciones, que consiste en la prohibición constitucional y legal de ejercer dos cargos públicos a la vez. En función de ello, los diputados a la Asamblea Nacional no pueden aceptar o ejercer otros cargos públicos sin perder su investidura, salvo casos excepcionales como actividades docentes, académicas, accidentales o asistenciales (Artículo 191 CRBV). De tal modo que, los diputados en Venezuela no pueden ejercer como Ministros, Vicepresidente Ejecutivo o cualquiera otra función pública sin perder la condición de diputado.

Además, también son consideradas como incompatibilidades poseer la cualidad de propietarios, administradores o directores de empresas que contraten con personas jurídicas estatales, ni pueden gestionar causas particulares de interés lucrativo con las mismas, por tanto, durante una votación sobre las causas en las cuales surja conflictos de intereses económicos, los integrantes de la Asamblea Nacional involucrados en dichos conflictos deben abstenerse (Artículo ejusdem), así, también quedan delimitadas algunas incompatibilidades con la actividad privada y sus intereses económicos, mediante las cuales se les exige dedicación exclusiva a los diputados a la Asamblea Nacional.

Asimismo, dentro del estatuto personal de su investidura, los diputados gozan de la condición de irresponsabilidad, es decir, no son responsables por votos y opiniones emitidas en el ejercicio de sus funciones (Artículo 199 CRBV). Por ello, Zambrano (2004) dice que *"la irresponsabilidad parlamentaria se justifica por la índole de sus funciones, porque la actividad funcional desarrollada por ellos en el parlamento se basa en la libertad de palabra, esto en razón de que el parlamento es un órgano eminentemente deliberativo y necesita de la discusión para la formación de su voluntad político-legislativa"* (p. 267).

Sin embargo, para Fernández (2010) *"esta irresponsabilidad solo los cubre mientras están en funciones oficiales del parlamento y su alcance es perpetuo, pues ni siquiera después de perder su investidura podrá exigírsele responsabilidad"* (p. 392).

Del mismo modo, el estatuto personal de la investidura de los diputados les confiere inmunidad parlamentaria en el ejercicio de sus funciones desde su proclamación hasta la conclusión de su mandato o de la renuncia del mismo (Artículo 200 ejusdem). De ahí que, destacó la explicación de Jiménez (2011):

Como quedó sentado al estudiar el origen y evolución de la inmunidad parlamentaria, la misma tiene como objetivo proteger a los miembros del Poder Legislativo de coacciones, amenazas o medidas concretas de prisión o sometimiento a juicio, que puedan privarlos del ejercicio de sus funciones, resultante a su vez del mandato popular. Sin embargo también se precisó que a diferencia de la irresponsabilidad, que tenía contenido y vigencia material y temporal absoluta, la inmunidad, era una "garantía formal, de tipo procesal y de carácter impeditivo que ampara a los legisladores por actos ajenos al ejercicio de sus cargos". *Es bueno igualmente resaltar que la inmunidad es temporal, es decir solo cubre a los parlamentarios durante el ejercicio de su mandato, y que a diferencia de la irresponsabilidad, está sometida a restricciones y limitaciones, y a la eventualidad de que pueda perderse en determinadas situaciones, siempre y cuando se cumplan los trámites y formalidades que la misma Constitución y el Reglamento Interior y de Debates establecen (p. 77).*

Al respecto, la Ingeniería Constitucional venezolana establece dos criterios, en primer lugar, define las formas mediante las cuales el diputado pierde su inmunidad parlamentaria y, en segundo término, enuncia las consecuencias que acarrean los funcionarios que violen la inmunidad de los diputados.

En efecto, de los presuntos delitos que pudieran cometer los integrantes de la Asamblea Nacional, solo conoce en forma privativa y exclusiva el Tribunal Supremo de Justicia, ya que es la única autoridad facultada para ordenar —previa autorización de la Asamblea Nacional— su detención y continuar su enjuiciamiento. Además, en caso de delito flagrante cometido por un parlamentario, la autoridad competente está facultada para ponerlo bajo custodia en su residencia y comunicar inmediatamente el hecho al Tribunal Supremo de Justicia.

Por otra parte, como los diputados en su conjunto forman el Poder Legislativo venezolano, el Reglamento Interior y de Debates establece que deben elegir a quienes configuren la Junta Directiva de la Asamblea Nacional, que es elegida al inicio del período constitucional (de cinco años) y al inicio de cada período anual de sesiones ordinarias, por parte de los diputados presentes (Artículo 7).

En este orden de cosas, el criterio de conformación de la Junta Directiva queda evidenciado por medio del Reglamento Interior y de Debates (2010), pues las postulaciones se presentan en plancha con lista de todos los cargos a integrar la Junta Directiva ante la plenaria de la Asamblea Nacional, cada postulación es presentada por un diputado en un derecho de palabra de cinco minutos, pudiendo ser objetada en igual lapso por una sola vez, disponiendo otro diputado de tres minutos para ratificar la postulación que de inmediato será sometida a votación (Artículo 8).

Entonces, Aveledo (2013) indicó que una vez conformada la Junta Directiva de la Asamblea Nacional, sus integrantes:

(...) cooperarán entre sí en el cumplimiento de sus funciones, sin perjuicio de sus responsabilidades y competencias. En el Presidente se concentra la mayor parte de las atribuciones. Representa a la Asamblea y como tal firma las leyes, acuerdos, resoluciones y oficios, dirige su personal, dicta la normativa administrativa interna, acredita a los representantes de la Asamblea ante otros órganos del Poder Público, solicita a éstos y a cualquier autoridad la cooperación necesaria para que la Asamblea cumpla sus atribuciones, y responde la correspondencia. En lo estrictamente parlamentario convoca las sesiones y decide el lugar donde éstas tendrán lugar, además las preside, lo cual implica iniciarlas, suspenderlas, levantarlas y prorrogarlas, así como hacer cumplir las reglas de debate y llamar al orden a los diputados que las infrinjan, y requerir el

respeto debido por parte de los ciudadanos que asisten a la sesión; convoca a las reuniones de Junta Directiva, Comisión Delegada y Comisión Consultiva; designa y sustituye miembros y directivos de las comisiones; concede licencia a los diputados hasta por diez días consecutivos y garantiza a éstos la seguridad personal en las instalaciones del Poder Legislativo; y somete a la plenaria la interpretación del Reglamento en casos de duda u omisión (pp. 129-130).

La Ingeniería Constitucional venezolana define al presidente de la Asamblea Nacional como la cabeza del Poder Legislativo, de manera que, el diputado que funge como jefe del cuerpo legislativo responde a una figura de doble connotación política, sirviéndonos de Aveledo (2013) comprenderemos que *"la condición de Presidente parlamentario es doble. Por un lado, es un miembro de la asamblea, y por el otro, el cargo que la Cámara le ha dado ostenta la preeminencia y los privilegios que le apoyan en el cumplimiento de sus funciones"* (p. 119).

De manera que, la presidencia parlamentaria del modelo venezolano es una muestra del estilo característico latinoamericano mediante el cual, a diferencia de modelos parlamentarios como el británico, en el que el speaker deja de contarse como integrante de la bancada del partido que lo hizo miembro del Parlamento para adoptar una estricta posición de neutralidad, el director de debate y asuntos de la Cámara sí mantiene su lugar de bancada, pues, para Aveledo (2013):

En América Latina la Presidencia no exime de posiciones partidistas y se considera natural que participe en los debates, aunque ello sea menos frecuente y siempre deba conservar una actitud que le permita manejar la Cámara con imparcialidad y mantener el respeto de los miembros. Como responsable del orden en las sesiones, la conciencia de ese papel es central (p. 123).

Con esto, se supone que quien asume la Presidencia de la Cámara, aun siendo elegido por la mayoría parlamentaria a la que pertenece, goza del respeto de todos los integrantes del cuerpo deliberativo que, a la larga, debería reforzar la unidad nstitucional de la Cámara. En este sentido, queda entredicho que a pesar de que el reglamento interno de la Asamblea Nacional suprimió la figura de grupos o fracciones parlamentarias, no deja de ser una realidad que en la Cámara existan posiciones encontradas que son defendidas o atacadas por partidarios del gobierno y de la oposición, respectivamente.

Asimismo, el Presidente de la Asamblea Nacional cuenta con el apoyo de dos Vicepresidentes que, básicamente, tienen por función, según el Reglamento Interior y de Debates (2010) *"coordinar, conjuntamente con el Presidente de la Asamblea Nacional, los servicios de secretaría, los distintos servicios de apoyo existentes y demás servicios administrativos"* (Artículo 28).

Dicho en otras palabras, los Vicepresidentes de la Junta Directiva resultan diputados de apoyo parlamentario, sobre todo tratándose de los asuntos administrativos propios de la Cámara. Además, su carácter les permite cubrir solo las faltas temporales del Presidente de la Asamblea Nacional (Artículo 29), por tanto, en caso de producirse la falta absoluta de alguno de los integrantes de la Junta Directiva se debe hacer una nueva elección de la misma (Artículo 30).

Entretanto, la cualidad política del Presidente de la Asamblea Nacional deriva en que sus atribuciones trascienden la dirección parlamentaria de la Cámara, es decir, siendo el máximo representante del Poder Legislativo venezolano, su labor política se caracteriza por relacionarse con los demás órganos del Poder Público Nacional, en consecuencia, su legitimidad de origen como diputado le confiere otras competencias constitucionales, las cuales describió brevemente Aveledo (2013):

La Constitución asigna al Presidente de la Asamblea Nacional dos tareas

más. La de encargarse de la Presidencia de la República, ante la falta

absoluta del Presidente electo antes de la toma de posesión, mientras se

elige al nuevo titular del cargo en los próximos treinta días, tal y como lo

establece su artículo 233, y la de integrar el Consejo de Defensa de la

Nación, como lo pauta el artículo 323. En este último caso, el Reglamento

Interior y de Debates de la Asamblea le impone el deber de informar a la Asamblea Nacional sobre su participación en éste (p. 130).

En este sentido, el Presidente de la Asamblea Nacional puede eventualmente encargarse de la Presidencia de la República, como en efecto sucedió, bajo el anterior régimen del Congreso de la República cuando durante los años 90 el Presidente del Congreso Octavio Lepage, de acuerdo con la Asamblea Nacional (2010), *"quedó encargado de la Presidencia hasta que las Cámaras designaron al ciudadano Ramón J. Velásquez como Presidente Provisional"* (p. 8), luego de que el Congreso autorizara el enjuiciamiento del Presidente de la República Carlos Andrés Pérez por medio de la entonces Corte Suprema de Justicia.

Hasta el presente, bajo la vigencia del modelo constitucional de 1999 no se ha dado la oportunidad en que el Presidente de la Asamblea Nacional haya asumido efectivamente las competencias del Poder Ejecutivo, fundamentalmente es destacable el hecho de que la mayoría política de la Asamblea Nacional estuvo ligada al liderazgo de Hugo Chávez, quien fue Presidente de la República durante los primeros 12 años de vigencia de la Constitución bolivariana.

En este punto, es destacable el debate nacional que ha surgido de la autoproclamación del Presidente de la Asamblea Nacional para el período de sesiones legislativas de 2019 Juan Guaidó como Presidente Interino de la República, sin embargo, al carecer de la participación activa del Poder Judicial, se comprende tal acción como una gestión política que ha tenido un efecto parcial en la composición institucional de la República, fundamentalmente porque el Presidente Nicolás Maduro continúa en el ejercicio del cargo de jefe de gobierno, siendo reconocido por elementos vitales en el poder nacional, como la Fuerza Armada Nacional y las demás ramas del Poder Público Nacional.

En cuanto al Poder Legislativo, la estructura de la Asamblea Nacional cuenta con las Comisiones Permanentes, a las que todo diputado debe pertenecer con derecho a voz y voto. En este respecto, Aveledo (2013) dijo que:

Al diseñar la organización de la Asamblea Nacional, la propia Constitución establece la existencia de las comisiones parlamentarias y determina el número de las permanentes en quince. Es interesante, como dato acerca del sistema político que subyace bajo el ordenamiento constitucional venezolano, que al mismo tiempo que se dio al Presidente de la República la mayor libertad para "Fijar el número, organización y competencia de los ministerios y otros organismos de la Administración Pública Nacional, así como la organización y funcionamiento del Consejo de Ministros, cuando la tradición nacional es mantenerlo en la reserva legal, se limite el número de comisiones permanentes. En octubre de 2013 los ministerios son treinta y dos, más del doble que las comisiones parlamentarias (pp. 130-131).

De este modo, la Constitución delimita el número de Comisiones Permanentes en un número no mayor de quince y estarían referidas a sectores de la actividad nacional, pero al mismo tiempo establece que estas comisiones son creadas o suprimidas por la propia Asamblea Nacional (Artículo 193). Tal como dijo Aveledo (2013), esta limitación se convierte en una desventaja del Poder Legislativo frente al gobierno nacional, dado que, mientras que el Presidente goza de las mayores libertades para formar gobierno, el Cuerpo Legislativo recibe limitaciones a su campo de acción política.

Tales comisiones están, entonces, diseñadas para que los diputados se integren obligatoriamente en ellas y desarrollen su trabajo parlamentario durante los períodos de sesiones. Por ende, el trabajo individual y colectivo de los diputados venezolanos será reflejado en las sesiones que se lleven a cabo la plenaria y las que convoca cada una de las comisiones. De acuerdo con Ossorio (2006), el término sesión refiere a *"cada una de las deliberaciones de los cuerpos legislativos o rectores de la administración"* (p. 892).

En este orden de cosas, conviene agregar la explicación de Aveledo (2013), pues, *"dentro de un período constitucional, o legislatura, hay varios períodos de sesiones. La tendencia es a parlamentos que sesionan permanentemente, con recesos relativamente breves. Período de sesiones es el intervalo de tiempo, formalmente determinado, en el cual las Cámaras pueden sesionar"* (p. 104).

De manera que, la Asamblea Nacional cuenta constitucionalmente con un período de sesiones establecido para que sus integrantes, es decir, los diputados, desarrollen su trabajo parlamentario y lleven a cabo sus funciones representativas, legislativas y políticas. En efecto, el Poder Legislativo cuenta con dos períodos de sesiones al año, a saber: el primer período de las sesiones ordinarias comienza el 5 de enero y dura hasta el 15 de agosto de cada año y, el segundo período se cuenta desde el 15 de septiembre para culminar el 15 de diciembre de cada año (Artículo 219), de manera que la Asamblea Nacional sesiona durante diez meses y medio de cada año.

Por consiguiente, el tiempo en el que la Asamblea Nacional se encuentra de receso, la misma queda en manos de la denominada Comisión Delegada, la cual, a tenor de Aveledo (2013), su *"integración está determinada en la Constitución y carece de requerimientos de pluralismo o relación proporcional con la integración política del pleno de la Cámara"* (p. 133). De manera que, la Comisión Delegada está integrada, según la Constitución, por el Presidente, los Vicepresidentes y los Presidentes de las Comisiones Permanentes de la Cámara (Artículo 195).

Asimismo, el Reglamento Interior y de Debates (2010) establece la figura de una Comisión Consultiva que auxilia a la Cámara en el análisis, evaluación, seguimiento y atención de temas de interés nacional e internacional, además, conoce sobre el trabajo de las comisiones y de la agenda legislativa anual (Artículo 36). Esta comisión, atendiendo a la definición de Aveledo (2013), *"tiene la naturaleza que su nombre indica, la integran los miembros de la Junta Directiva, los presidentes o vicepresidentes de comisiones permanentes y hasta tres diputados en representación de todas las organizaciones políticas existentes en el Parlamento"* (p.134).

En síntesis, la Ingeniería Constitucional de 1999 diseñó la estructura de la Asamblea Nacional para ser un cuerpo dominado por el grupo político mayoritario, esto es, porque el modelo mediante el cual queda conformada la Junta Directiva no plantea una integración proporcional de fuerzas, además las propias fuerzas políticas representadas en este cuerpo deliberativo quedan a merced de las habilidades políticas y no de la constitución reglamentaria de grupos o fracciones parlamentarias.

De esta forma, la idea de pluralismo que planteó Aveledo (2013), quedó eclipsada por el modelo asambleísta adoptado para el Poder Legislativo, pues para el autor, este elemento es vital, ya que:

El que la tarea representativa, legisladora y contralora esté asignada a un cuerpo colegiado se desprende lógicamente de la realidad plural de la sociedad. La sociedad no es uniforme ni monocromática. En su seno, la característica es la diversidad. Opiniones, valores, tradiciones, culturas, perspectivas de naturaleza socio-económica o regional, creencias, ideologías, forman un grueso tapiz de texturas y colores diversos.

Pero, si es un tapiz está unido por un tejido. La democracia tiene que ser capaz de ofrecer los hilos institucionales, suficientemente fuertes y flexibles, para mantenerlo unido (p. 55).

Bajo este modelo, el Poder Legislativo venezolano carece de la oportunidad de desenvolverse como un poder independiente del Estado, quedó supeditado a ser conquistado por el Presidente de turno para ejecutar su propio proyecto, bien sea de naturaleza personal o, incluso, de género totalitario, pues, mientras que predomine un modelo de mayorías parlamentarias absolutas, las puertas para acuerdos, diferendos y deliberación política quedarán cerradas para los pesos y contrapesos institucionales.

Relación de la Asamblea Nacional con el Ejecutivo Nacional

Queda claro que el modelo adoptado en la Constitución contiene elementos que permiten definir como presidencialista a la relación mediante la cual se ejerce el poder institucional de la República, de manera que, ésta cuenta con sus mecanismos propios que ratifican aquella acepción que insiste en que los sistemas puros no son la regla, menos en lo concerniente a la evolución del sistema político latinoamericano.

En este sentido, vale la pena describir cómo la Ingeniería Constitucional venezolana estableció el método que constituye la relación entre la Asamblea Nacional y el Presidente de la República, así como con los demás órganos del Poder Ejecutivo y, con ello, la interrelación generada a través del Vicepresidente Ejecutivo y de los Ministros.

De manera que, la Asamblea Nacional goza de una igualdad de condiciones frente al Presidente de la República respecto de su legitimidad de origen, dado que, así como el Presidente surge de una elección popular, los diputados adquieren su investidura luego de ser sometidos a un proceso electoral.

En consecuencia, algunos de los actos del Presidente en sus funciones ejecutivas dependen de la autorización de la Asamblea Nacional, sin la cual esos actos serían calificados como nulos, por ejemplo, para que el Jefe de Gobierno designe al Procurador General de la República y a los jefes de las misiones diplomáticas permanentes, debe contar con autorización de la Asamblea Nacional. Este mismo requisito de autorización aplica para que el Presidente pueda dictar decretos con fuerza de ley, decretar créditos adicionales y formular el plan nacional de desarrollo nacional, así como dirigir su ejecución (Artículo 236 CRBV, ordinales 8, 13, 15 y 18).

Así las cosas, vale acotar que, de acuerdo con Aveledo (2013), la figura de autorización se define por ser previas y necesarias para que el acto jurídico se complete, mientras que las aprobaciones son posteriores e indican acuerdo o aquiescencia con una decisión ya tomada (p. 156).

Asimismo, la Ingeniería Constitucional venezolana faculta al Presidente para convocar a la Asamblea Nacional a sesiones extraordinarias, disolver la Asamblea Nacional en caso de que ésta haya aplicado el voto de censura al Vicepresidente Ejecutivo por tres ocasiones en un mismo período constitucional y también puede dirigir informes o mensajes especiales a la Asamblea Nacional, personalmente o por intermedio del Vicepresidente Ejecutivo (Artículo 236, ordinales 9,17 y 21; y Artículo 240 CRBV).

Por su parte, en el texto constitucional venezolano, no se establece el voto de confianza para el Vicepresidente Ejecutivo por parte de la Asamblea Nacional, sin embargo, aunque no instaura supuestos de hecho, queda establecida la figura de moción de censura de este cargo, que en definitiva constituye su sometimiento a responsabilidad política, por tanto, se puede desprender una decisión política de la Asamblea Nacional improbando las cuentas presentadas o rechazando la gestión política de aquel. Con esto, se evidencia que el Vicepresidente Ejecutivo puede ser sometido a esta función parlamentaria si tal moción llegare a ser aprobada por no menos de las tres quintas partes de los integrantes de la Asamblea Nacional, con lo que se enfrentaría a una remoción inmediata del cargo (Artículo 240 CRBV).

Sobre la base de las ideas expuestas, los sistemas políticos latinoamericanos han incorporado la composición de gabinetes o equipos de colaboradores del Jefe de Gobierno, estos actores son denominados por las diversas constituciones como Ministros, con lo cual se rompe con el purismo que denota el estilo norteamericano de presidencialismo. En este sentido, respecto de la acepción del vocablo Ministro, en cuanto a lo que interesa a este estudio, recurrimos a la definición de Cabanellas (2006), quien dijo que:

Ministro es por antonomasia, el funcionario del Poder Ejecutivo que integra el gobierno de una nación, por nombramiento más o menos nominal del Jefe de Estado, y con la autorización del partido o coalición gobernante, más la confianza de las cámaras legislativas en los regímenes parlamentarios. Además de la gestión de su correspondiente ministerio, cada Ministro, con su voz y voto, resuelve en los consejos de Ministros la política general del gabinete. Por su firma, cada Ministro se hace responsable, política, civil y criminalmente de las consecuencias de los decretos y actos del Jefe de Estado que él refrende, forma que es necesaria además para la legitimidad y eficacia de tales disposiciones (p. 387).

Es así que, los Ministros son bisagras que se mueven según sea construida la relación entre el Legislativo y el Ejecutivo, por tanto, forman parte de la posibilidad o no de hallar factores de gobernabilidad de modo que se garantice la unidad y estabilidad del Estado.

De acuerdo con Valadés (2008), podemos entender gobernabilidad como *"un proceso de decisiones legales, razonables, controlables y eficaces, adoptadas por autoridades legítimas, en un ámbito de libertades, de equidad y de estabilidad institucional, para garantizar a la población el ejercicio de su dignidad y de sus derechos civiles, políticos, culturales y económico-sociales y para atender requerimientos de la sociedad mediante prestaciones y servicios regulares, suficientes y oportunos"* (p. 215).

Dentro del sistema presidencialista, Estados Unidos incorporó la ratificación congresual a los principios que relacionan el parlamento con el gobierno dentro de los esquemas del control político, esta figura puede tender a confundirse con la confianza parlamentaria, al respecto el propio Valadés (2008) aclaró:

La ratificación es una decisión del Congreso para confirmar a una persona en el ejercicio de una función política, técnica, judicial, de mando o representación. Esa ratificación se basa, sobre todo, en la constatación de que se cumple con un mínimo de requisitos profesionales y éticos para desempeñar el cargo en cuestión. La confianza en cambio, solo se expresa en cuanto a la titularidad o al desempeño de funciones políticas; implica una responsabilidad para quien la recibe y, por lo general, involucra el apoyo congresual para un programa o un conjunto de medidas gubernamentales (p. 43).

Estas dos formas comparten como similitud, en que constituyen elementos de control político que ejerce el cuerpo legislativo sobre el Ejecutivo, de modo que, para poder ejecutar algún plan operativo de gobierno o para poder designar a algún individuo en una responsabilidad específica de gobierno o Estado, el Poder Ejecutivo debe solicitar al Legislativo que ejercite su cualidad de control, bien sea ratificando algún personal o emitiendo un voto de confianza, según sea el caso.

En este sentido, vale destacar que el constitucionalismo latinoamericano ha adoptado la racionalización del poder a través de la influencia de algunos tópicos del parlamentarismo europeo que, sin desdeñar el presidencialismo que domina el sistema político latinoamericano, paulatinamente ha adoptado formas de control político del Poder Legislativo que justifican la comparecencia de los Ministros ante los congresos.

De manera que, instrumentos como el voto de confianza, la interpelación y la moción de censura ministerial han sido fusionados al presidencialismo con el propósito de tender a racionalizar el poder del Presidente al menos a través de sus Ministros.

Al respecto, ha sido conveniente agregar a este estudio la obra sobre *El gobierno de gabinete* realizada por Valadés (2005), quien ha dedicado su investigación a desmenuzar los aspectos relevantes de las adopciones constitucionales de la racionalización del poder a través de la construcción de la interrelación entre un Cuerpo Legislativo y los integrantes del Poder Ejecutivo.

Poe ello, Valadés (2005), sostuvo que *"el derecho constitucional común latinoamericano se ha orientado en una doble dirección: por un lado, ampliar los derechos fundamentales, con los correspondientes medios de garantía y, por otro, consolidar la democracia. En ambos casos es sintomático que, a diferencia del periodo formativo de los Estados independientes de Latinoamérica, hoy la recreación institucional está más relacionada con las elaboraciones constitucionales europeas que con el desarrollo de las instituciones estadounidenses; esto, a pesar de los vínculos de dependencia económica"* (p. 63).

Asimismo, es menester identificar situaciones por las cuales un Ministro podrá o deberá comparecer ante el parlamento, guiado por los principios de separación de poderes que ha adoptado el sistema presidencial. Entre ellas se prevé en el constitucionalismo moderno las preguntas parlamentarias, la interpelación parlamentaria y el voto de censura. De esta forma, se ha concebido la idea que para Valadés significó la propensión a generar ambientes políticos de cooperación entre los órganos del Estado.

En este orden de cosas, el sistema político venezolano reconoció dentro de la función de control político de la Asamblea Nacional figuras como las interpelaciones, las investigaciones, las preguntas, las autorizaciones y las aprobaciones parlamentarias, además reconoció la declaratoria de responsabilidad política a través del voto de censura (Artículo 222 CRBV).

Además, el propio Valadés (2008) definió en su obra *La parlamentarización de los sistemas presidenciales* a la interpelación como *"una forma de controvertir acerca de una decisión gubernamental. A partir de las precisiones formuladas por los Ministros, se abre un debate del que puede desprenderse la propuesta de una moción de censura"* (p. 69). Por medio de este mecanismo se permite al parlamentario confrontar en tribuna al Ministro y, en el caso de Venezuela, a cualquier funcionario público para que de forma directa defienda su gestión bajo el rigor de su responsabilidad política.

Así que, Valadés (2008) expuso que las preguntas parlamentarias constituyen propiamente la posibilidad de generación de ambientes de cooperación mediante los cuales los parlamentarios se limitan a preguntar a los Ministros sobre aspectos específicos de la gestión ministerial. Asimismo, representa una oportunidad para que el actor demuestre su nivel de destreza, puede un parlamentario exponer al Ministro su nivel de acceso a información precisa por medio de su pregunta, así como un Ministro puede demostrar su nivel de manejo de argumentos con su respuesta, es así como se puede construir el factor de colaboración, por tanto, la unidad del Estado (p. 69).

Ahora bien, el ciclo de preguntas no necesariamente conlleva a otra consecuencia más allá de informar al parlamento sobre la gestión específica de gobierno. Sin embargo, la figura de la interpelación, de naturaleza controversial, sí puede conllevar a que el cuerpo legislativo censure al ministro o al gabinete.

Valadés (2008) apuntó que *"en los diversos sistemas constitucionales la moción de censura tiene una doble dimensión: puede traducirse con la reprobación de un Ministro o del gabinete completo. Además, en los sistemas parlamentarios, la censura ocasiona la caída del gobierno, en tanto que en los sistemas presidenciales puede o no implicar la remoción de los Ministros censurados"* (p. 70).

No obstante, el símbolo de la moción de censura debe ser administrado por el Poder Legislativo venezolano, dado a que la remoción del Vicepresidente Ejecutivo en tres ocasiones durante un mismo período constitucional tiene como consecuencia la activación del supuesto de disolución de la Asamblea Nacional por parte del Presidente de la República, en consecuencia, para Fernández (2010) *"La Exposición de Motivos de la Constitución, la justifica, señalando que cumple con una función de equilibrio, para que la remoción constante de Vicepresidentes, no se convierta en una práctica obstruccionista de la Asamblea Nacional"* (p. 374).

Empero, el control político que le concede la Constitución de 1999 a la Asamblea Nacional se traduce en que tal cuerpo puede declarar la responsabilidad política de los funcionarios públicos, entre ellos los Ministros, de modo que, la aprobación de una moción de censura a un Ministro por una votación no menor de las tres quintas partes de los integrantes presentes de la Asamblea Nacional, implica su remoción, además, el funcionario removido no puede optar al cargo de Ministro ni de Vicepresidente Ejecutivo por el resto del período presidencial (Artículos 222 y 246).

De manera que, el rol del Ministro en el sistema de gobierno, respecto de la responsabilidad política de éste frente a la Asamblea Nacional, actúa como un canal entre Ejecutivo y Legislativo alternando su participación o comparecencia ante el pleno o una comisión parlamentaria con los propios parlamentarios de sus alianzas, rescataría, en consecuencia, el concepto de rol político del Ministro y el parlamentario con la disciplina partidista.

Sin embargo, las funciones de control político han encontrado siempre resistencia por parte del Ejecutivo, sobre todo en esta variante del sistema presidencial.

De allí que, según Valadés (2008), en todo sistema constitucional *"sean identificables dos variedades de controles políticos: los controles impropios, formales o aparentes y los controles propios, materiales o reales. Los primeros generan una disfunción institucional, porque en la medida en que solo cumplen con una apariencia, carecen de positividad y eluden el principio de que en un sistema democrático no puede haber un órgano del poder político que no esté sujeto a un control político. Los segundos son los aplicados de manera efectiva, y en este caso lo que se debe examinar es el gradiente en cuanto a su cumplimiento, que puede ir de tolerancia máxima a la exigencia extrema"* (p. 212).

Sin embargo, la realidad del ejercicio político de las instituciones dista de los controles establecidos para la Asamblea Nacional, pues, a pesar de que la Constitución le otorgó competencias de control político al órgano legislativo, su efectividad disminuye en la medida que la mayoría que integra la Cámara sea de partidos o coaliciones opositoras a las que conforman el gobierno nacional, para ilustrar esto, tomamos como ejemplo la oportunidad en que la mayoría parlamentaria dominada por partidos de oposición aprobara el día 08 de junio de 2017 una Moción de Censura contra el Ministro de Interior, Néstor Reverol, no obstante, no conllevó a su destitución por parte del Presidente de la República Nicolás Maduro (El Comercio, Redacción EC. 18 de Junio de 2017).

En consecuencia, el modelo establecido en la Ingeniería Constitucional venezolana acentuó la supremacía presidencial sobre el proceso legislativo, pues, según Leal (2012), *"el hecho que se pueda interpelar y dar voto de censura a los Ministros tampoco parlamentariza el sistema"* (p. 55).

Sobre todo, el modelo venezolano supeditó la conformación política de la Asamblea Nacional al liderazgo del Presidente, valga decir que, si la mayoría parlamentaria es del mismo partido del Jefe de Gobierno, tales controles dejarían de ser parlamentarios y se transformarían en partidistas.

De manera que, la realidad institucional de la Asamblea Nacional y su efectividad en el ejercicio de controles políticos derivados de sus competencias constitucionales frente al Presidente y demás órganos del Poder Ejecutivo, se ve comprometida por cuanto el sistema venezolano ha sido diseñado para condicionar la acción parlamentaria al liderazgo del Jefe de Gobierno, además de la sujeción preferencial del Vicepresidente Ejecutivo y los Ministros a su autoridad, por tanto, pareciera que los controles parlamentarios son enunciados nominativos sujetos a condición de que la mayoría esté afiliada al liderazgo del Presidente para poder gozar de atención a sus prerrogativas político-institucionales.

El Sistema Electoral: La Asamblea Nacional y la Presidencia de la República

Bien, alcanzado este punto, el diseño de la Ingeniería Constitucional venezolana establece, además de la relación entre el Legislativo y el Ejecutivo Nacional en cuanto al ejercicio del poder, las formas mediante las cuales los ciudadanos expresen su voluntad para elegir a los representantes políticos y, por otro lado, los políticos o la clase dirigente pueda alcanzarla legitimidad para ejercer ese poder.

En este sentido, en esta parte nos interesa la concepción de soberanía que ha permitido democratizar cada vez los sistemas de gobierno pues, bien se trate de un sistema de orientación presidencialista o uno de inclinación parlamentarista, en la actualidad se ha tendido a generar responsabilidad política que responda más y mejor al electorado respecto del ejercicio del poder.

Para explicar esto, Diego Valadés (1998) aclara que:

El concepto de soberanía no es un postulado ideológico, sino la base mínima de la que se desprende la configuración del poder. Cuando se habla de soberanía popular, que sobre todo la doctrina francesa distingue de la soberanía nacional, se está aludiendo a que sólo los integrantes de la comunidad llamada nación pueden determinar la naturaleza, forma y alcances del poder que les gobierna. Cualquier concesión en este punto implica transferir, también, la capacidad de decidir quién y cómo gobierna, y ante quién y cómo responde al gobernante. La soberanía es el problema central de la política y, por ende, de la vida de la sociedad y del Estado (p. 662).

Por ello, se tiene que –entre otras cosas– la soberanía está estrechamente ligada a las formas de representación política que derivan de los sistemas electorales mediante los cuales los ciudadanos pueden transferir el ejercicio institucional del Estado en representantes que fundamentalmente hacen parte de los cuerpos deliberativos y según haya sido el sistema que adoptan las constituciones, en los ejecutores del cuerpo de gobierno mediante el cual se ejecutarán los proyectos políticos enmarcados en la racionalización del poder.

En consecuencia, el elemento de la elección resulta importante, dado que, como ha dicho Duverger (1988), *"la elección es la base del modelo democrático. Es un procedimiento de designación de los gobernantes opuestos a la herencia, a la cooptación o a la conquista violenta, que son los medios autocráticos"* (p. 72). Además, *"este desarrollo de la elección ha creado instituciones que desempeñan un papel de mediadores entre los elegidos y los electores: los partidos políticos"* (p. 72).

Entretanto, el papel de los partidos políticos ha sido cuidadosamente delimitado por el modelo constitucional venezolano de 1999, pues, al asumir un estilo de democracia de tipo participativo y protagónico, le quita protagonismo al rol de los partidos políticos e introduce otras figuras que participan en cada proceso de *"designación de los gobernantes"* aludido por Duverger.

A propósito, las elecciones traen consigo una metodología que define los modos y el proceso que sigue la ciudadanía de un Estado para escoger a los gobernantes y a los representantes. En función de ello, Duverger (1988) planteó que:

Aparentemente, escoger un sistema electoral no presenta problemas técnicos: se trata de saber de qué forma se repartirán los escaños de los diputados, teniendo en cuenta los sufragios expresados por los electores. Efectivamente, sobre esta cuestión existen varios métodos que se contraponen: escrutinio mayoritario a una o dos vueltas, representación proporcional, regímenes mixtos. En realidad, la adopción de uno u otro se hace por consideraciones políticas, porque los distintos modos de escrutinio tienen consecuencias muy diferentes, especialmente sobre los partidos políticos (p. 107).

Hasta aquí, resulta pertinente de esta acepción de Duverger (1988) desarrollar brevemente la clasificación de los sistemas electorales, de manera que, se pueda identificar el sistema adoptado por el modelo venezolano en la Constitución de 1999. En este sentido, los sistemas electorales pueden ser:

1. Mayoritarios: la característica común de los sistemas mayoritarios es que sólo aseguran una representación indirecta y aproximada de las mayorías. El candidato que llega en cabeza es elegido; los que le siguen son derrotados. De esta manera, los votos de los electores que se han dirigido sobre estos últimos no serán representados en el Parlamento. Pero como el partido globalmente mayoritario en el conjunto del país es minoritario en algunas circunscripciones, los partidos minoritarios a escala nacional tienen, sin embargo, diputados en el Parlamento. Pero no hay rigurosa proporción entre el reparto de los sufragios entre los partidos y el reparto de los escaños parlamentarios.

2. De representación proporcional: el principio básico de la representación proporcional es que asegura una representación de las minorías en cada circunscripción en proporción exacta al número de votos obtenidos. La R.P. supone, pues, el escrutinio de lista único, que permite atribuir escaños a la vez a la mayoría y a la minoría. Si el principio de la R.P. es sencillo, su aplicación, por el contrario, es muy complicada.

3. Mixtos: el sistema mayoritario no ha dejado de declinar desde 1900 a 1945 en favor de la representación proporcional (con la excepción de los países anglosajones). Desde entonces, se dibuja una cierta reacción que se traduce, bien en un retorno al sistema mayoritario (Francia, 1958), bien en la adopción de regímenes mixtos, medio proporcionales, medio mayoritarios (pp. 107- 114).

Hasta aquí, todo indica que el sistema electoral escogido por cada Ingeniería Constitucional define los procesos electorales en los que puedan salir escogidos popularmente los representantes a los cuerpos legislativos y, en los presidencialismos o sus derivaciones, se designe por medio del voto al Presidente de la República. De tal manera, la cuota de representación que persiguen ganar los partidos políticos depende en gran medida del sistema de partidos en conjunto con el sistema electoral.

En consecuencia, el sistema electoral venezolano está definido por la Ley Orgánica de Procesos Electorales (2009) en dos sentidos, es decir, para el cargo de Presidente de la República se elige con base en la mayoría relativa de votos (Artículo 7); y, para la elección de los integrantes de la Asamblea Nacional se aplica un *"sistema electoral paralelo, de personalización del sufragio para los cargos nominales y de representación proporcional para los cargos de la lista"* (Artículo 8). Es así que, dentro de la clasificación de Duverger (1988), el sistema venezolano acoge el sistema mixto, medio proporcional, medio mayoritario.

Al ser así, es importante señalar que hasta antes de aprobarse el modelo constitucional de 1999, estuvo abierto el debate respecto de la forma de elección del Presidente de la República, sobre todo respecto de la legitimidad de la mayoría mediante la cual es elegido tal funcionario, por ejemplo, Brewer-Carías (2005), quien fuera constituyentista para el proyecto de Constitución bolivariana, dejó expuesto que, *"respaldamos la propuesta para que en la nueva Constitución se estableciera el principio de la mayoría absoluta y la doble vuelta en la elección presidencial, lo cual se eliminó en la segunda discusión del Proyecto"* (p. 128).

A propósito, el sistema de doble vuelta o ronda electoral es puntualizado por Sartori (1996), a saber:

Ya se dijo que la práctica de la doble vuelta electoral constituye un sistema por sí sola. Una de las razones es que permite a los electores votar dos veces, con un intervalo de una o dos semanas entre la primera votación y la votación final, y esto significa que los votantes pueden reorientar conscientemente sus preferencias considerando los resultados de la primera elección (p. 24).

Por su parte, Álvarez (1998) describió brevemente el sistema que ha dominado en Venezuela para la elección presidencial, de modo que:

Los sistemas de elección por mayoría simple, como el que existe en Venezuela para la elección presidencial, pueden ser defendidos con base en un argumento básico, de gran relevancia para la democracia. La elección mayoritaria da mayores oportunidades a las minorías de acceder al gobierno. En efecto, en Venezuela es posible y de hecho se ha logrado elegir Presidentes con una proporción mínima de electores a favor (p.112).

De manera que, la base de legitimidad con la que se elige el Presidente venezolano tiende a responder a un criterio en el que no se toma en cuenta la totalidad de electores registrados, sino el número de participantes sin relación con la cantidad de electores inscritos en registro electoral para definir la mayoría que otorga el triunfo electoral al candidato presidencial. Además, resulta importante el hecho de que el sufragio, dentro del sistema venezolano, es reconocido como un derecho y no como un deber (Artículo 63 CRBV), lo que significa que la legitimidad es evaluada con base en los votos obtenidos por las fuerzas políticas.

En este sentido, resulta pertinente describir los niveles de participación electoral por medio de los cuales se elige, por un lado, al Presidente de la República y, por el otro, a los diputados a la Asamblea Nacional en el histórico de elecciones respectivas convocadas desde la entrada en vigencia de la Constitución de 1999.

Así, luego de que el modelo constitucional bolivariano entró en rigor, han sido convocadas cinco elecciones presidenciales, mientras que los comicios para elegir los diputados a la Asamblea Nacional han sido invocados en cuatro oportunidades. Claro está, cada proceso electoral se enmarca en un contexto poblacional que, a efectos de este trabajo, sirve de marco de referencia en proporción al momento histórico de cada uno de los comicios.

Para ello, interesan las siguientes referencias, contenidas en las figuras, con las que se permite comparar el interés de los electores en la Asamblea Nacional frente a la Presidencia de la República.

Para la elección presidencial, valga la Tabla 3 y la Figura 1 que muestran los niveles de participación electoral que, en definitiva, dejan evidencia del sistema electoral adoptado por el modelo político venezolano. De manera que, independientemente de los niveles de participación, la proclamación del cargo de Presidente será obtenida por quien obtenga la mayoría de votos de quienes participen.

Tabla 3

Elecciones Presidenciales

	Año 2000	Año 2006	Año 2012	Año 2013	Año 2018
VOTANTES	6'600,196 *(56.31%)*	11'790,397 *(74.70%)*	15'176,253 *(80.28%)*	15'059,630 *(79.66%)*	9'389,056 *(45.74%)*
ABSTENCIÓN	5'120,464 *(43.69%)*	3'994,380 *(25.30%)*	3'727,684 *(19.72%)*	3'844,734 *(20.34%)*	11'137,922 *(54.26%)*
POBLACIÓN ELECTORAL	11'720,971 *(100%)*	15'784,777 *(100%)*	18'903,937 *(100%)*	18'904,364 *(100%)*	20'526,978 *(100%)*

Adaptado de Consejo Nacional Electoral (CNE), 2019
(www.cne.gob.ve/web/documentos/estadisticas/e009.pdf ,
http://www.cne.gob.ve/divulgacionPresidencial/resultado_nacional.php ,
http://www.cne.gob.ve/divulgacion_presidencial_2012/ , http://www.cne.gob.ve/divulgacion_presidencial_2013/ ,
http://www4.cne.gob.ve/ResultadosElecciones2018/).

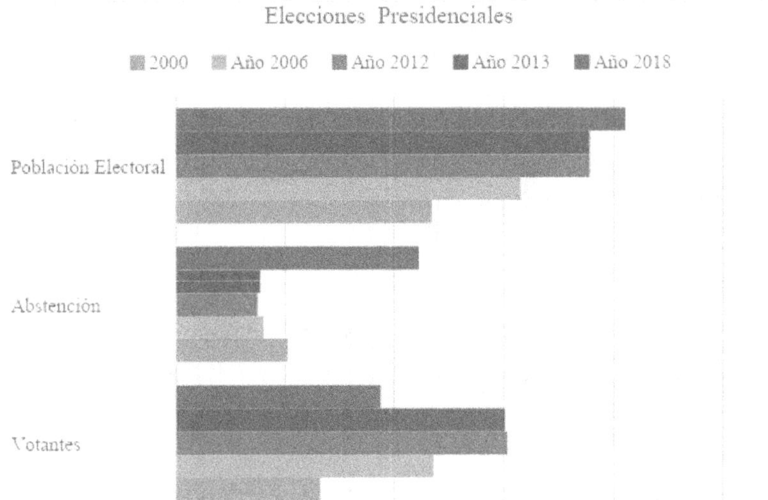

Figura 1: Adaptado de Consejo Nacional Electoral (CNE), 2019
(www.cne.gob.ve/web/documentos/estadisticas/e009.pdf ,
http://www.cne.gob.ve/divulgacionPresidencial/resultado_nacional.php ,
http://www.cne.gob.ve/divulgacion_presidencial_2012/ , http://www.cne.gob.ve/divulgacion_presidencial_2013/ ,
http://www4.cne.gob.ve/ResultadosElecciones2018/).

Con esto, se entiende que el sistema electoral de mayoría relativa adoptado por el modelo venezolano amerita de la votación de quienes participen en el proceso electoral presidencial, por tanto, tal como dijo Álvarez (1998), las minorías pueden definir los resultados electorales y, con ellos, la legitimidad del Presidente de la República.

De manera que, en las elecciones presidenciales desde el año 2000 hasta las del año 2012, quien obtuviera el triunfo fue Hugo Chávez, vale destacar que, si bien es cierto que obtuvo una amplia mayoría de votos entre los que participaron no pudo alcanzar el 50% del voto de todos los electores inscritos, pues, en las elecciones de los años 2000, 2006 y 2012 obtuvo 32%, 46% y 43%, respectivamente, de la aprobación del total de electores inscritos.

Por su parte, Nicolás Maduro se hizo Presidente en circunstancias particulares, pues se convirtió en Jefe de Estado después de que hicieran público el fallecimiento del entonces Presidente, Hugo Chávez, para inicios del año 2013. Luego de declarada, con este hecho, la falta absoluta del Presidente se convocaron elecciones presidenciales nuevamente, en las que Maduro resultó ganador con un 40% de los votos del total de electores inscritos en el sistema electoral venezolano.

Una vez terminado el período presidencial establecido en la Constitución venezolana, se convocaron nuevas elecciones presidenciales el 20 de mayo del año 2018, de las que Maduro resultó ganador, pero, en esta oportunidad bajo un fenómeno de escasa participación electoral que significó que este se hiciera Presidente de la República con apenas un 30% de los votos de todos los ciudadanos inscritos en el registro electoral nacional.

Además, previo a la convocatoria a comicios electorales para designar al Presidente de la República, otras circunstancias predefinieron las condiciones e incluso el resultado de participación electoral para el año 2018. En primer lugar, el proceso estuvo signado por un censo electoral poco transparente, pues, según Martínez (2018):

El primer elemento que debe destacarse es la cantidad de movimientos en el padrón de votantes que reporta el CNE. Según el organismo comicial, durante los 10 días del operativo especial de actualización desarrollado en el mes de febrero, incluyendo lunes y martes de carnaval, se registraron 1.678.553 movimientos. El desglose de estos puede resumirse de la siguiente manera: el CNE reporta la inscripción de 807.905 nuevos votantes, mientras asegura que 870.648 electores cambiaron el centro de votación que tenían asignado en 2017. En estos cambios de centros de votación no se incluyen los movimientos relacionados a la restitución de los centros de votación que fueron nucleados en 2017. (Martínez, 2018)

La información sobre la inscripción y actualización de data en el Registro Electoral de los ciudadanos es manejada, de acuerdo con la Constitución de 1999, por el Poder Electoral representado en el Consejo Nacional Electoral, de manera que, la data de votantes registrados tiene una exclusividad institucional que luego es presentada de manera pública mediante distintas herramientas a quienes se interesen en el estudio de referencias de este tipo. Por ello es oportuno agregar el aporte arrojado por Martínez (2018), cuando dijo que:

En los últimos cinco años el CNE ha entregado siete cortes oficiales del Registro Electoral. El corte correspondiente al mes de agosto de 2013 colocaba la cantidad de votantes en 19.167.416. En el corte correspondiente a julio de 2015 el total de electores se ubicó en 19.830.724 ciudadanos. Para el mes de abril de 2016 se emitió un corte con 19.792.708 electores. En julio de 2017 el CNE fijó la cantidad de electores en 19.854.437 ciudadanos, aumentando en diciembre de 2017 a 19.925.267 electores. En el año 2018 se han generado dos cortes del RE: en febrero la cifra de electores llegó a 20.710.607 y en marzo alcanzó 20.759.809 ciudadanos. Estos datos incluyen electores venezolanos en el territorio nacional y fuera de él, así como electores extranjeros con más de 10 años de residencia en el país. (Martínez, 2018)

Este sistema electoral, es decir, el de mayoría relativa adoptado por la Ingeniería Constitucional de Venezuela ha brindado la oportunidad de gobernar a un Presidente que tiene amplias atribuciones frente a una base de legitimidad menor a la mitad de la población electoral, lo cual pone en desventaja al Poder Legislativo que puede obtener su legitimidad con base en el sufragio popular.

Para poder entender las cualidades propias de las instituciones políticas venezolanas, es pertinente observar los niveles de participación de los ciudadanos por medio de la elección parlamentaria. De manera que, se sirve de la Tabla 4 y la Figura 2 dispuestas para detallar tales niveles de participación electoral.

Tabla 4

Elecciones Parlamentarias

	Año 2000	**Año 2005**	**Año 2010**	**Año 2015**
VOTANTES	6'560,503 *(56.04%)*	3'604,741 *(25.26%)*	11'596,239 *(66.42%)*	14'435,522 *(74.04%)*
ABSTENCIÓN	5'145,199 *(43.95%)*	10'668,223 *(74.74%)*	5'862,234 *(33.58%)*	5'060,843 *(25.96%)*
POBLACIÓN ELECTORAL	11'705,702 *(100%)*	14'272,964 *(100%)*	17'458,473 *(100%)*	19'496,765 *(100%)*

Adaptado de Consejo Nacional Electoral (CNE), 2019
(www.cne.gob.ve/web/documentos/estadisticas/e009.pdf ,
http://www.cne.gob.ve/int_divulgacion_parlamentarias/index_principal.php ,
http://www.cne.gob.ve/divulgacion_parlamentarias_2010/ , http://www.cne.gob.ve/divulgacion_asamblea_2015/).

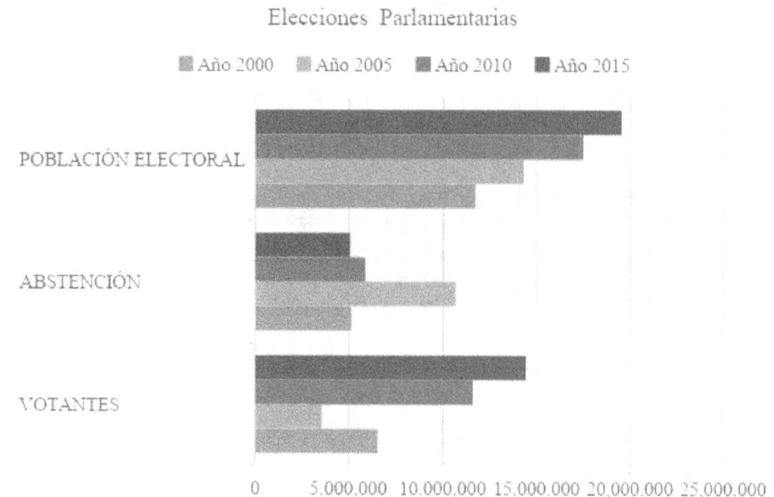

Figura 2: Adaptado de Consejo Nacional Electoral (CNE), 2019
(www.cne.gob.ve/web/documentos/estadisticas/e009.pdf ,
http://www.cne.gob.ve/int_divulgacion_parlamentarias/index_principal.php ,
http://www.cne.gob.ve/divulgacion_parlamentarias_2010/ , http://www.cne.gob.ve/divulgacion_asamblea_2015/).

Así las cosas, resulta interesante la lectura del cuadro comparativo presentado, porque permite notar que los niveles de participación son considerablemente menores en los procesos electorales que van a definir la composición de la Asamblea

Nacional que en aquellos que están destinados a designar al Presidente de la República.

Ahora bien, es importante destacar que los procesos eleccionarios de diputados a la Asamblea Nacional se hacen separadamente de las del Presidente de la República, esto es, principalmente porque los períodos establecidos en la Constitución de 1999 son diferentes, ya que los diputados son elegidos para cinco años de funciones frente a los seis años para los que se elige al Presidente.

Sin embargo, las elecciones parlamentarias del año 2000 coincidieron con los comicios presidenciales de ese mismo año, esto se debe a que tal proceso electoral consistió en elecciones generales motivadas a legitimar los nuevos poderes aprobados con el nuevo texto constitucional diseñado por la Asamblea Nacional Constituyente y aprobado popularmente en 1999. En consecuencia, los niveles de participación en la elección de los diputados para este período, se hallan con proporciones parecidas con los que definen la elección del Presidente, de allí en adelante, la variación de la participación cambió durante los posteriores procesos electorales.

De tal manera que, la proporción electoral de participación para el año 2005 cayó a un 25,26% que permitió debilitar la función política de la Asamblea Nacional y, con ello, las funciones de control y las legislativas quedaron supeditadas al liderazgo del Presidente Hugo Chávez, de forma que la independencia del Poder Legislativo quedó comprometida. En consecuencia, los sucesivos períodos legislativos estuvieron signados por disminución del trabajo parlamentario en favor del proyecto del Presidente de la República.

Por su parte, siguiendo la información arrojada en el último cuadro que resume la data contenida en la plataforma del Consejo Nacional Electoral, de manera que, se han usado como fuentes las frecuencias porcentuales emanadas del Poder Electoral venezolano. En este sentido, el proceso electoral convocado para el año 2010 observó un aumento de la participación electoral hacia el 66,42% de los ciudadanos registrados.

Empero, tal nivel siguió siendo inferior al 74,70% o el 80,28% de las elecciones presidenciales de 2006 y 2012, respectivamente, por lo cual, aparentemente el interés de los ciudadanos se inclinó a favor de participar en la designación del Presidente, por contrario a la selección de los diputados a la Asamblea Nacional, de modo que, aun cuando el Legislativo y el Ejecutivo cuentan con legitimidad de origen, la fortaleza del presidencialismo venezolano se incrementa con el logro de mayor participación electoral para Presidente que para la Asamblea Nacional.

Asimismo, la brecha de participación en las elecciones para los diputados a la Asamblea Nacional durante el año 2015 se ubicó en el 74.04%, que significó un mayor respaldo popular a la institución legislativa nacional respecto de las experiencias anteriores, en este sentido, bajo este contexto el Poder Legislativo parece tomar mayor importancia para los electores venezolanos, lo que se traduce en que el Poder Legislativo retomaría sus funciones naturales dentro del sistema político venezolano.

En efecto, la Asamblea Nacional, como órgano del Poder Público contemplado en la Constitución venezolana está amparada en un sistema electoral mixto que, atiende al modelo mayoritario combinado con la representación proporcional, ha derivado en un cuerpo político debilitado por una baja participación electoral en comparación con los comicios presidenciales y, además, por la dependencia al liderazgo personal de quien ejerce como Presidente de la República, que, además cuenta la posibilidad constitucional de disolver este cuerpo deliberativo (Artículo 236, Ordinal 21).

La metodología electoral influye en la composición de las fuerzas entre en Legislativo y el Ejecutivo, esto se nota al analizar críticamente los procesos mediante los cuales la ciudadanía se dispone a designar a los diputados y al Presidente de la República. De allí que, el modelo electoral que se ampara en el sistema venezolano dirige la atención del elector hacia la figura presidencial, ello quizás termina reflejando la carencia del conocimiento de los propios potenciales que tendrían quienes quedan electos como diputados al frente de un liderazgo presidencial con tendencia avasalladora.

La Asamblea Nacional frente a los militares

Es manifiesto que el fenómeno militar-militarista no deja de formar parte de la cultura política latinoamericana, especialmente para el caso de estudio venezolano este tema retoma un importante papel, puesto que, a pesar de que Venezuela contó con un período de paz institucional con la profesionalización de la Fuerza Armada desde inicios del siglo XX, no ha dejado de estar relacionado el paradigma caudillista con asonadas y con la influencia que tienden a ejercer los militares en el sistema político venezolano.

De manera que, nos resulta oportuno el comentario de Mires (2001) sobre la política y los militares, pues:

> Hoy en día, al igual que en los tiempos de Weber, se trata de expandir el sentido de lo político hacia lugares donde ésta todavía no llega (o se ha ido): hacia esos mundos pre-políticos, no políticos y antipolíticos que subsisten por doquier y, me atrevería a decir, sobre todo en América Latina, donde todavía el hacer político no se ha emancipado de sus ataduras militares, por un lado, y de visiones fundamentalistas que no logran esconder su impronta totalitaria, por otro. (p. 7)

Asimismo, es necesario aseverar que, según Sotelo (1977), *"el término de militarismo, por su ambigüedad y connotaciones despectivas, no goza de general aceptación. Creo, sin embargo, que puede ser útil, si por tal entendemos el predominio de los militares sobre las instituciones civiles que prevé la Constitución, debido al empleo, o la amenaza de empleo, de la fuerza, para ocupar directamente el poder o influir en él"* (p. 68).

En este sentido, vale la pena esta última parada en el tema de la participación de la Fuerza Armada en el sistema político venezolano, su influencia y, con interés de este estudio, la relación de la Asamblea Nacional con el estamento militar. De modo tal que, así como una de las funciones de los Órganos Legislativos es la de controlar el poder del Presidente de la República, para los casos latinoamericanos surge el reto de lograr la estabilidad política del Estado a través del control de las élites y los estamentos, en especial el militar.

Vale decir que, el estamento militar venezolano halla su génesis en lo que Torres (2011) denominó como *"mito independentista venezolano"*, según el cual:

Los venezolanos de la posguerra asistieron a la disolución del orden civil, e incluso del orden simbólico. El poder del rey se asentaba en el poder de Dios; disuelto el primero, también su base se resquebrajaba. Ahora el poder debía reposar en los hombres, y esa dificultad se subsanó haciéndolo recaer en los semidioses, es decir, los héroes que habían ganado la guerra (p. 32).

De allí en adelante, el militarismo se asentó en el sistema político venezolano, pues, convertidos los militares triunfadores de la guerra independentista en semidioses, se hizo del oficio castrense una cualidad política, en este sentido, Simón Alberto Consalvi (2003), citado por Torres (2011), aseguró que *"los generales gobernaron de 1830 hasta 1945, con los interludios civiles del siglo XIX que representaron siempre y de modo fatal, al hombre fuerte que los postuló... Guerrear era un oficio"* (p. 40).

Por su parte, Neira (2006) definió el fenómeno surgido en el nuevo proyecto político nacional como *"militarismo de nuevo cuño"*, pues el modelo político determinado en la Constitución de 1999 saca a los militares del cuartel y los reincorpora a la escena política como un grupo que persigue legítimamente sus propios intereses, en consecuencia, *"uno de los signos más conspicuos de este primer lustro del siglo veintiuno venezolano es el retorno de los militares a la política"*. En este sentido:

La presencia de oficiales de la Fuerza Armada en toda la Administración Pública ha producido un cambio de gran magnitud en la textura institucional del sector público, y no sólo dentro de los cuarteles. Representa un cambio radical de valores: significa para los servidores públicos el desplazamiento de los valores ligados al sistema de mérito profesional y su sustitución por la obediencia y subordinación propias del militar. Y tiene otra repercusión sobre el manejo del Estado (p. 204).

Así las cosas, queda demostrada la desventaja que representa para los órganos del Estado y su desenvolvimiento institucional la presencia de los militares en la escena política, por antonomasia son la perfecta representación del caudillismo latinoamericano, dado que su *"prestigio"* reposa por encima del andamiaje institucional, su formación en las armas supone que sus intereses no necesariamente se plantean en la dinámica de la negociación política sino dentro de la jerarquización para el combate o la guerra que termina derivando en la obediencia de mando.

Al ser así, resulta importante acotar que el prestigio militar tiene su razón de ser en los antecedentes independentistas, dado que, con ellos surge un paradigma que exige la participación del sector castrense, basado en la idea de Carvallo (1994), según el cual:

En los primeros tiempos republicanos era dudoso hablar de Estado, y aun de gobierno, ya que era la organización militar la que se legitimaba a sí misma, estableciendo un espíritu de cuerpo estrictamente militar y origen del militarismo, en tanto "su pasado y su propia condición los sitúan en un plano superior al resto de la sociedad y les dan derecho de ser árbitros y tutores" *(Citado por Torres, 2011: 43).*

De modo tal que, la Fuerza Armada en el sistema político venezolano conforma un estamento de facto que, posterior a la Constitución de 1999, ha obtenido beligerancia política que permite legitimar su participación en la conducción política nacional, Neira (2006) lo ilustró diciendo que:

La Fuerza Armada Nacional fue concebida por el régimen como el "partido político" *del gobierno, en ausencia de otros. Esta concepción llevó a una participación creciente de oficiales en funciones tradicionalmente reservadas a civiles, colocó a oficiales generales a hacer pronunciamientos políticos a favor del proyecto de Chávez, los comprometió en actividades administrativas, en las cuales ha habido muchas acusaciones de corrupción, y, en general, abrió el campo para la deliberación política libre de los militares en ejercicio (pp. 208-209).*

Con esto, el modelo constitucional de 1999 desprestigia el papel de los partidos políticos en favor de otorgar mayor participación al estamento militar, a pesar de que la misma Constitución establece que la Fuerza Armada Nacional constituye una institución *"esencialmente profesional, sin militancia política"* (Artículo 328). Por tanto, el rol del militar en el Estado venezolano adquiere una rectoría en los asuntos nacionales, como brazo armado del Presidente de turno y sin sujeción voluntaria a los demás órganos del Estado, como la Asamblea Nacional. Así, agregó Rey (2002) que, *"...las fuerzas armadas toman para sí el papel que correspondería al partido de gobierno, en tanto que éste pasa a limitarse a un papel muy secundario de carácter puramente logístico"* (p. 22).

Vale decir que, la condición de sensación de superioridad rectora de la Fuerza Armada se generó durante la evolución histórica del sistema político venezolano, la participación del caudillismo militar ha contado con múltiples apariciones en escena, inicialmente bajo el liderazgo de un líder prestigioso y luego, devenido con la profesionalización de la Fuerza Armada, de una clase, casta o facción bajo el liderazgo de la promoción egresada de la Academia Militar.

De manera que, a pesar de haberse iniciado el proceso de racionalización y formación militar de los integrantes de la Fuerza Armada, las mismas no dejaron de estar supeditadas a la personalidad de un caudillo, tal es el caso de Juan Vicente Gómez, quien germinó la profesionalización de estas fuerzas, pues esto quedó descrito por Zerpa (1998) así:

(...) con el general Gómez se inicia la planificación educacional para la formación castrense en Venezuela. Consolidó la Academia Militar de donde egresan los primeros oficiales de carrera, siendo posteriormente la institución por excelencia para la profesionalización y modernización de las Fuerzas Armadas. No obstante, durante su gobierno, el mando y las

direcciones superiores de la armada estaban en manos de la vieja oficialidad, la cual era leal e incondicional a los designios políticos del general Gómez. Este mando de la vieja oficialidad seguirá en sus manos hasta después de la muerte del general Gómez, e incluso logrará mantenerlo durante los gobiernos de los generales López Contreras y Medina Angarita (p. 11).

En consecuencia, a pesar de que se modernizó la Fuerza Armada, la conducta militar siempre mantuvo la inclinación de no plegarse completamente a la obediencia institucional debida puesto que, los requisitos de lealtad militar muchas veces están relacionados con la suma de proezas y jerarquía militares. Además, la presencia ininterrumpida de los militares en los acontecimientos políticos nacionales ha gozado de una aceptación de la población que ha terminado por otorgarle prestigio al estamento militar.

De hecho, tal prestigio ganado popularmente por la Fuerza Armada se debe a acontecimientos que permitieron un viraje en la participación militar en la conducción del Estado venezolano durante el siglo XX, tal como lo mencionó Rey (2002):

(...) en el caso de Venezuela, en dos ocasiones (el 18 de Octubre de 1945 y el 23 de Enero de 1958) un golpe militar contra la autoridad constituida inició un proceso de democratización. Estas experiencias históricas podrían explicar por qué la cultura política venezolana no mantiene una actitud totalmente negativa ante las eventuales intervenciones de los militares en la política, pues en situaciones en que están cerradas las vías de la democracia representativa, un golpe de Estado puede ser el instrumento para abrirlas. Sin embargo, si están funcionando instituciones democráticas, resulta difícil imaginar que se justifique acudir a tal tipo de medidas (p. 15).

De manera que, la participación militar en la política halla en sí misma apoyos y rechazos de acuerdo con el contexto en que se desarrolle el desenvolvimiento castrense. Su intervención durante la historia contemporánea nacional quedó ligada a golpes e intentonas que solo triunfaron en los casos mencionados por Rey, mientras que otras intentonas no superaron la estabilidad institucional de órganos como el Congreso de la República, sin embargo, tal cuerpo deliberativo se fue debilitando con los años mientras que el estamento militar recobraba fuerza.

Resulta significativo el hecho que el Congreso de la República se viera debilitado proporcionalmente con el sistema de partidos frente a la opinión pública, tanto que, tal como afirmó Torres (2011), *"a diferencia de lo ocurrido en los años sesenta, cuando la mayoría de la población repudiaba las insurgencias cívico-militares, en los años noventa, en virtud del desprestigio de los partidos políticos, los militares alzados recibieron un amplio apoyo sentimental"* (p. 177).

En efecto, resultó interesante que el aumento del apoyo popular a la interacción de los militares en política es inversamente proporcional al apoyo que recibieran los partidos políticos y, con ellos la democracia misma, el cual estaba descendiendo. Esto es abordado por Torres (2011), cuando estableció que también existió lo que denominó *"mito de la democracia"* como *"poder del pueblo"* que, al mismo tiempo, constituiría la base de poder civil durante el último proceso político inmediatamente anterior al proyecto bolivariano.

En este sentido, vale el análisis de Romero (1997) (Citado por Torres, 2011), quien describió la paulatina extinción de la base de poder de las instituciones democráticas durante los últimos lustros de la Cuarta República, así:

La democracia como tal, y no éste o aquel gobierno democrático, ha dejado de actuar como mito cohesionador; la anomia se ha apoderado de vastos sectores, que están en busca de un nuevo mito, pues se han convencido de que el actual orden de las cosas, lejos de instaurar el poder del pueblo reproduce el dominio de élites corruptas e incompetentes. Si bien es cierto que las encuestas aun sugieren que la gente prefiere la "democracia" en abstracto, las realidades del apoyo popular a los golpes de Estado, el elevado abstencionismo electoral, y la convicción predominante entre la gente de que los mejores gobiernos que ha tenido el país este siglo son las dictaduras militares, apuntan hacia una situación mucho más ambigua en el ánimo de la ciudadanía (pp. 138-139).

Esto significa que, los militares hallaron su fortaleza en el apoyo popular para retomar el poder, inicialmente con el respaldo que adquirió el estamento por medio de la asonada del 4 de febrero de 1992, sobre todo gracias a la aparición del liderazgo de Hugo Chávez durante esos hechos a través los canales de televisión, cuando *"uno de los comandantes sublevados se dio a conocer al país horas después de su rendición"* (Torres, 2011: 167).

Con esto, se puede decir que la Fuerza Armada venezolana conforma un poder no constituido, que goza de autoridad de facto para establecer en un momento determinado el orden que pudiera perderse con la clase política. Por ello, Rey (2002) sostuvo que, *"(...) es evidente que la intervención de los militares en la política no depende de normas constitucionales sino de las tradiciones históricas y la cultura política real del país"* (p. 14).

Por su parte, la participación eventual o total, según las circunstancias políticas, de la Fuerza Armada ha adquirido una nueva característica producto de su profesionalización, y esto, según Rey (2002) *"(...) tiene que ver con los cambios que se hicieron desde 1971, en los estudios de la Academia Militar, aumentando sus exigencias y que llevó a que sus egresados no sólo recibirían el título de subtenientes sino, al mismo tiempo, el de Licenciados en Ciencias y Artes Militares"* (p. 20-21). Con esto, se explica que tal formación les da, a los militares una sensación de superioridad moral e intelectual para conducir o, al menos, servir de *"árbitro"* del Estado venezolano.

Ahora bien, la composición social que alimenta la estructura de la Fuerza Armada venezolana conforma una élite de conducción política, al mismo tiempo, es importante resaltar que, los integrantes del estamento militar no necesariamente provienen de los sectores altos de la sociedad, de allí que, con Rodríguez (1996) se destacó que:

Suele decirse que las fuerzas armadas venezolanas son diferentes del resto de las latinoamericanas, en realidad esto quiere significar la presencia de dos poderosos factores que han modelado la corporación militar: la vinculación de la misión con la defensa del régimen democrático supuso una intensa ideologización y adoctrinamiento terminado por hacer del militar "el guardián de la democracia". A los cual se suma el origen social de buena parte de los cuadros de la oficialidad y sub-oficialidad cuya extracción proviene sobre todo de sectores medios y bajos de la sociedad. Ambas circunstancias plantean una particular sensibilidad social y un encuadramiento del militar venezolano (p. 174).

De manera que, el sometimiento voluntario de los militares venezolanos a la institucionalidad civil se logró durante el período inmediatamente anterior al establecido con la Constitución de 1999, fundamentalmente gracias a la ideologización respecto de la institucionalidad democrática y, con ello, se produjo un sistema legislativo mediante el cual, según Rodríguez (1996), *"...la dimensión política amplió la dimensión ideológica, asegurando la participación informal del sector militar en los temas directamente de su interés y el control político sobre este sector a través de los ascensos y la influencia en la asignación de cargos"* (p. 162).

En este sentido, vale destacar la modificación que sufriera esta relación institucional entre las fuerzas militares con la clase política por medio de la nueva Ingeniería Constitucional, es decir que, mientras que en el régimen constitucional anterior se fortaleció el criterio apolítico de la Fuerza Armada, en el nuevo régimen de la Constitución bolivariana los militares activos adquirieron el derecho al sufragio (Artículo 330) y, con ello, la exclusividad del manejo de los ascensos militares para la Fuerza Armada (Artículo 331).

Asimismo, la exclusividad otorgada a la Fuerza Armada para el manejo de los ascensos militares es controlada en conjunto con el Poder Ejecutivo, lo que significa que, la subordinación voluntaria de los militares pesa más frente al Presidente de la República que a la Asamblea Nacional, por tanto, le ha sido arrebatada la posibilidad de control institucional a la Cámara Legislativa y sus decisiones corren el riesgo de perder efectividad en razón de este debilitamiento.

De cualquier modo, el poder real de los militares venezolanos dentro del sistema político se vio fortalecido doblemente entrando al siglo XXI, por un lado, la sensación de superioridad moral y política heredada del mito independentista sumada al alto grado de profesionalización adquirido luego de la creación de la Academia Militar de Venezuela. Y, por otro lado, el descenso de la aceptación popular hacia los partidos políticos y demás instituciones de la democracia representativa, que significó a la larga una nueva sujeción de las fuerzas civiles ante las fuerzas militares.

Esto se evidencia en el posterior desmantelamiento de las atribuciones de la naciente Asamblea Nacional respecto de los asuntos de la institución de la Fuerza Armada, que fue alimentado por lo que Torres (2011) definió como *"la noción de mesianismo militar en la esperanza de que la «seriedad» de los militares proteja al pueblo"* (p. 171). En consecuencia, tal poder político adquirido por el estamento militar venezolano se dedicó a rebajar las funciones de Estado que estaban en manos del Poder Legislativo a una mención nominal de la Asamblea Nacional que solo atendería los asuntos civiles que, a su vez, no fueran atendidos por el Presidente de la República.

Asimismo, esta relación política que reconoce constitucionalmente la participación militar en el alcance de los fines esenciales del Estado también está relacionada con lo que Norberto Ceresole (Citado por Garrido, 2002: 315) denominó elementos básicos de la *"fórmula"* Caudillo+Ejército+Pueblo, pues describe la génesis del modelo establecido en la Constitución de 1999, así:

> *En su origen, entonces, el Modelo Venezolano se basó en la radicalidad de*
>
> *una fracción de un grupo militar –y, dentro de él, de un líder militar– que*
>
> *fue interpretada positivamente por el pueblo con la velocidad de la luz y la*
>
> *fuerza de un huracán tropical... De tal manera que es la misma realidad la*

que conforma, con la solidez del acero y la durabilidad de la piedra, cada

uno de los términos de la ecuación: Caudillo, Ejército, Pueblo (p. 315).

De manera que, atendiendo las reseñas históricas que erigen la evolución del sistema político venezolano, además del contenido de la Constitución vigente, es notable la incidencia de la cultura política en esta construcción institucional, es decir, la vida política nacional ha estado plagada de vastas experiencias militares que han predominado en el ejercicio del poder, por tanto, la función parlamentaria, y con ella la influencia de la clase política de origen civil, se ha encontrado en un segundo plano dentro del juego de roles del poder en Venezuela.

Así, resulta evidente que el rol de los militares sigue siendo objeto de debate en la actualidad, bien sea por razones de origen moral, social o económico, no cabe duda que mediante el sistema político amparado en el proyecto bolivariano la preponderancia que conquistó este sector superó el alcance que tiene la Asamblea Nacional como órgano del Poder Público Nacional, sobre todo porque su génesis está vinculada a aquella ecuación de Ceresole (2002) en la que se conjugaron teóricamente un caudillo, el pueblo y las Fuerzas Armadas, según la cual deja en el aire dos características prácticas: el militarismo venezolano cuenta con respaldo popular y el parlamento venezolano carece de herramientas que conlleven a la sujeción de los militares a su autoridad.

En consecuencia, la estructura diseñada por la Ingeniería Constitucional venezolana para el Poder Legislativo resulta débil, quizás esto sea el resultado de economizar excesivamente el rol de la Asamblea Nacional, es decir, la limitación de la función política por medio de un número máximo de Comisiones Permanentes, la supresión de la Cámara de Senadores y el condicionamiento de vinculación de la mayoría parlamentaria con el liderazgo del Presidente de la República —por citar algunos ejemplos— constituyen un quiebre de la posibilidad de que la Asamblea Nacional defina los destinos nacionales, e incluso, disminuye el papel político que jugaría esta Cámara.

Además, tal debilidad del Cuerpo Legislativo venezolano está caracterizada desde el nacimiento de la era republicana nacional debido a su papel secundario que ha resultado de la dominación de la escena política por parte del estamento militar. Así, queda establecida una sentencia por parte de la cultura política venezolana que dicta la particularidad de este caso de estudio, es decir, la eventual migración del sistema presidencial a uno parlamentario está condicionada a cortar el hilo conductor manejado por la fuerza castrense, en consecuencia, para que el parlamento venezolano pueda imponer gobierno es necesario que primero supere el poder de los militares de esta nación, mientras tanto, pareciera que el curso de los eventos indica que el presidencialismo seguirá dominando cómodamente la cultura política venezolana.

EPÍLOGO

Se entiende que la realidad latinoamericana ha dado sus propios instrumentos a la forma de gobierno adoptada, según cada realidad nacional experimentada durante la evolución histórica continental. Vale decir que, para el continente es común la instauración de la forma republicana de gobierno, debido a la ruptura definitiva con las monarquías europeas, una vez independizadas las naciones de América Latina quedó claro que el poder basado en instituciones hereditarias y el gobierno de un Rey quedaría descartado teóricamente de las experiencias constitucionales venideras, mientras se instauraría la institucionalización del régimen de *"muchos"* poniendo en práctica la democracia.

Con respecto al sistema de gobierno, la comunidad latinoamericana siguió los pasos de la revolución norteamericana, la cual diseñó un sistema mediante el cual el poder es ejercido por uno —como en la monarquía— pero su origen se hallará en la selección del Jefe de Estado por medio de elecciones y su ejercicio fuera limitado en períodos de tiempo. En este sentido, el presidencialismo predomina en los sistemas constitucionales del continente, su adopción fue casi inmediata en las naciones recién independizadas y su mezcla con las culturas políticas propias que caracterizan lo latinoamericano encontraron maneras de atribuir o limitar el poder de quien ejerce el cargo de Presidente.

Por su parte, se fomentó como cualidad fundamental de la cultura política continental la participación activa de los militares en política, de manera que, con ellos hace su entrada en escena el caudillismo propio de las naciones independizadas por medio de las guerras contra la monarquía española. Al ser así, resulta pertinente acotar que, como diría Octavio Paz (1981), *"el caudillismo surge de la independencia, y constituye el verdadero sistema de gobierno latinoamericano; un fenómeno que no logró resolver los temas de la legitimidad y la sucesión"* (Citado por Torres, 2011: 42).

En este orden de cosas, hemos constatado que las naciones de Centroamérica se inclinan más hacia el modelo unicameral de sus Órganos Legislativos, mientras que las naciones de Cono Sur prefieren, en su mayoría, la estructura bicameral, con excepción de Ecuador, Perú y Venezuela, quienes aun proviniendo de tradiciones bicamerales decidieron adoptar el estilo unicameral durante la transición hacia el siglo XXI.

Sin embargo, debido a la caracterización caudillista del presidencialismo latinoamericano, se ha tornado progresivamente compleja la posibilidad de establecer controles y contrapesos políticos en los organismos estadales, las Constituciones del hemisferio han optado por incorporar elementos del parlamentarismo al sistema, con la intención de encontrar posibilidades ciertas de control, de fiscalización del poder y de la disminución de la influencia personalista del Ejecutivo.

Por otro lado, la realidad política continental lleva a pensar que en efecto, los purismos sistemáticos distan considerablemente de la práctica del poder, es decir, a pesar de que el constitucionalismo moderno latinoamericano ha evolucionado adoptando mecanismos que permitan racionalizar el ejercicio del gobierno, la sombra del caudillismo no deja de estar presente en cada sistema, pues, en mayor o menor medida se ha potenciado el alcance del ejercicio del gobierno por parte del Presidente en función de su conexión con las masas a través de su popularidad o, por otro lado, su vínculo con las fuerzas militares mediante las cuales se garantiza una actuación unidireccional de su poder.

En este sentido, respecto del caso venezolano, la evolución histórica de su sistema político es común a la de la mayoría de naciones latinoamericanas, aunque le agrega rasgos propios que han forjado el modelo mediante el cual se ejerce el poder, de manera que, la característica principal del caso venezolano es que su Independencia fue conquistada mediante la guerra, es decir, mediante la acción militar. Con ello, se entiende que lo militar antecede a lo político, por lo cual, en la base del sistema político venezolano tiende a predominar la obediencia antes que la negociación.

De manera que, el escenario militar fue moldeando la cultura política venezolana desde la primera experimentación republicana, esto se evidencia en el hecho de que en primer término el Congreso de Venezuela haya otorgado poderes dictatoriales a Francisco de Miranda, además del título de Generalísimo de los Ejércitos; más tarde, en 1814 el Cabildo de Caracas confiriera a Simón Bolívar el título de Capitán General de los Ejércitos Patriotas y de Libertador de Venezuela conjuntamente con plenos poderes para ejecutar y legislar. Vale decir que, con esto, quedó marcada en la clase política venezolana representada en el Congreso con una tendencia a delegar las funciones propias (legislativas y parlamentarias) en una sola persona, en el caudillo militar.

De esta forma, la suerte de Venezuela no cambió tampoco entrando a la experiencia de la Cuarta República, dado que, a partir de la desintegración de la Gran Colombia, nuevamente la conducción del país quedó en manos de un caudillo, esta vez se trató del General José Antonio Páez. A partir de éste, surgió una línea de liderazgos militares que fueron dominando la escena política nacional, de modo que el institucionalismo y, al parecer, la soberanía dejó de residir en la persona del Rey para pasar a residir en el pueblo en forma de caudillo, de jefe fuerte, en fin, de militar.

Esto ha sido significativo, ya que esta realidad histórica conlleva a tomar de una mejor manera el paradigma que aportó García Pelayo (1950) al establecer que el constitucionalismo puede ser el resultado de una transformación o, mejor dicho, de una consolidación histórica con la que se asentó la cultura de obediencia política, que también forma parte del desarrollo del Derecho Constitucional venezolano.

De modo que, la consolidación histórica venezolana compromete en gran medida la composición de las clases políticas, pues, a pesar de que se han transformado durante el transcurso del tiempo adquiriendo doctrina, organización y simpatizantes, el ejercicio de poder real está dirigido por el sector castrense, derivado del mito de la Independencia y motivado a la debilidad estructural de las instituciones no ligadas a la Presidencia de la República. Teóricamente, la representación del pueblo y de las entidades federales reposan en el Poder Legislativo, pero la realidad ha demostrado que esa representación ha tomado más bien el efecto de espejo, tal como lo mencionara Sartori (1999), por tanto, cuando el pueblo se mira en el espejo solo es capaz de ver a un caudillo, y viceversa.

En este punto, hablar de sistema presidencialista en Venezuela sin estudiar el efecto militarista heredado del mito independentista es, en suma, obviar los usos y costumbres de la política nacional, pues, más allá de estudiar los elementos teóricos que definen un sistema de gobierno es primordial desagregar las aristas que han determinado las fortalezas y debilidades reales de las élites y las instituciones venezolanas. Con esto, queremos decir que el reflejo del sistema venezolano se encuentra en el ejercicio del poder más la utilización de la legitimidad de origen moldeada con la voluntad del caudillo y tallada en la técnica jurídica.

Además, la Presidencia venezolana cuenta con la cualidad de reunir las atribuciones de la Jefatura de Gobierno y la de Estado en una misma persona, tal como definen los teóricos a este sistema de gobierno. Vale decir que, este cargo ha ganado una cualidad dentro de la cultura política venezolana, es decir, tiende a ser ejercido con marcada tendencia hacia el personalismo, tanto que, ganó supremacía respecto del órgano legislativo y el judicial con base en la obediencia y la política de premio y castigo.

En efecto, es evidente la situación de desventaja en que se halla la actual Asamblea Nacional de Venezuela, por una parte, la técnica jurídica de la Asamblea Nacional Constituyente de 1999 fue utilizada para desmantelar la capacidad de ejercer efectivamente las funciones de controlar, de legislar y hacer política a través de las herramientas parlamentarias. Por otro lado, esta situación resulta ser una consecuencia de la transformación histórica nacional caracterizada por la excesiva delegación de las funciones legislativas en el liderazgo de uno solo combinada con la coacción del caudillo (del siglo XIX, XX o XXI) que conlleve a la preservación de su poder.

Empero, a pesar de que Venezuela contó con un período de gobiernos no militares, quedó en evidencia la carencia que padeció la clase política venezolana al no conseguir oportunamente acuerdos de gobernabilidad que evitaran el auge del proyecto bolivariano que, si bien es cierto que fue presentado como un proyecto revolucionario, no hay nada más alejado de la realidad, es decir, tal proyecto trajo consigo un tufo reaccionario y conservador dirigido a recuperar el prestigio del estamento militar venezolano con adjetivos o pretextos ideológicos.

Esto quedó expuesto en el propio proyecto constitucional de 1999, según el cual, para lo que interesó a este estudio, el órgano legislativo representado por la Asamblea Nacional quedó limitado en sus atribuciones y ejercicio real de las funciones parlamentarias, por ejemplo, mientras que por disposición constitucional no puede conformar más de quince comisiones parlamentarias, el Presidente de la República no encuentra limitación en cuanto al número de Ministerios que pueden conformar el Poder Ejecutivo que, además, no requiere la autorización o aprobación de la Cámara de la Asamblea Nacional para la constitución de carteras ministeriales.

Por otra parte, la Fuerza Armada rompió su sujeción voluntaria hacia el Poder Legislativo. Esto resulta ser un inconveniente muy grande, pues, conociendo la evolución histórica del sistema político venezolano, se ha librado una misión de las fuerzas civiles para dominar la institucionalidad castrense a través del Cuerpo Legislativo, con la Constitución bolivariana se imposibilitó esto porque, por medio de ella, los militares conquistaron beligerancia política a través del derecho al voto y adquirieron autonomía para estudiar y decidir las políticas de ascensos de oficiales y demás funcionarios militares.

En definitiva, esto último constituye la devastación del Poder Legislativo venezolano, debido a que las fuerzas militares ganaron la opción de participar en todo el proceso de alcance de los fines del Estado, por tanto, en asuntos que son prioritariamente civiles mientras que, los civiles a través de la institución parlamentaria no tiene facultades para definir un tema elemental como el de los ascensos de oficiales, que por demás, queda suficientemente claro que su lealtad está comprometida hacia el Presidente de la República en su condición de Comandante en Jefe, por tanto, queda en peligro la lealtad institucional frente a las lealtades personales hacia quien ejerce el cargo de Presidente

En consecuencia, el desmantelamiento del Poder Legislativo y sus efectos se hicieron más evidentes desde que la oposición política asumiera la mayoría de la Asamblea Nacional, dado que, mientras el control parlamentario permaneció en manos del partido de gobierno las funciones propias de la Cámara fueron conducidas directamente por el liderazgo del Presidente Hugo Chávez, que, a la larga, significó la ausencia de los controles parlamentarios.

En consecuencia, el diseño de la Ingeniería Constitucional de 1999 se dirigió a modelar un Estado sin pluralidad política, sin reconocimiento sustancial al rol de los partidos políticos en el desenvolvimiento parlamentario y sin un parlamento que cuente con verdadera fortaleza interna y autonomía real desde el punto de vista político. Por tanto, una mayoría parlamentaria no simpatizante pierde efecto de control ante los órganos del Poder Ejecutivo en la medida que su supremacía real puede permear los otros tres órganos del Poder Público Nacional, es decir, el Tribunal Supremo de Justicia, el Consejo Nacional Electoral y el Poder Ciudadano (Contraloría General de la República, Ministerio Público y Defensoría del Pueblo).

Vale señalar que, durante la gestión del período actual de la Asamblea Nacional, que se caracteriza por la dominación de una mayoría política distinta a la coalición partidista del Presidente Nicolás Maduro (2013-2019), la Cámara ha aprobado mociones de censura para algunos Ministros con los votos favorables de los diputados pertenecientes a la coalición opositora denominada Mesa de la Unidad Democrática (MUD), sin que ello se tradujera en la respectiva y constitucional destitución de estos funcionarios.

Por otra parte, la debilidad de la Asamblea Nacional está relacionada con el desarrollo de la cultura política de la Nación, que se evidencia en los márgenes de participación electoral para definir la composición de la Cámara, pues, tienden a ser menores a los niveles de participación que designan al Presidente de la República, lo que genera una suerte de juego de legitimidad, según el cual, un órgano es más legítimo que el otro, a pesar de que ello no sea establecido de esta manera en el texto constitucional o las leyes.

Al ser así, se confirma nuestra hipótesis en cuanto a que, el sistema presidencialista ha llegado a ser el sistema predominante en América Latina, en consecuencia, la ausencia de sistemas políticos parlamentarios en el continente y sobre todo en Venezuela se debe principalmente a factores históricos, políticos y socioculturales y no por sus dificultades de su implementación. Pues, al parecer, los actores políticos se encuentran cómodos con el sistema presidencial, ya que la preferencia de este modelo se demuestra en las reiteradas delegaciones de funciones parlamentarias al liderazgo presidencial de turno.

De igual manera, a la luz de este trabajo surgen algunas otras consideraciones a tomar en cuenta si se quiere lograr el fortalecimiento del Órgano Legislativo dentro del sistema presidencialista venezolano. Valdría la pena retomar la organización bicameral del parlamento, con el objeto de fortalecer la capacidad de representación de las Cámaras dentro de lo que la tradición constitucional ha denominado como Estado federal descentralizado, así la visión de República se resguarda permitiendo condiciones de igualdad para las entidades federales dentro del parlamento.

Además, resulta necesario reformular el sistema electoral, pues con ello se contribuiría a un doble fin, por un lado, se tendería a mejorar las condiciones de ejercicio de la soberanía popular mediante la cual el voto sea una herramienta fuerte para la composición de las fuerzas políticas que ocupan los cargos de conducción y representación de la República, en este sentido, es imprescindible suprimir el derecho al voto que se reconoce a los integrantes de las Fuerzas Armadas, pues, el régimen de obediencia de la formación militar resulta incompatible con el desenvolvimiento de la democracia.

Por otro lado, estas reformas conducirían a revisar el sistema de mayoría relativa mediante el cual se elige al Presidente de la República, de manera que resultaría interesante el establecimiento del modelo electoral del ballotage o elección a dos vueltas, por tanto, sería más difícil la conquista del cargo de Presidente por parte de fuerzas minoritarias, aunado a que esto obligaría a revisar también el sistema de partidos políticos, que, aunque no son canal exclusivo de las instituciones democráticas del presente siglo, representan por excelencia la capacidad de canalización de la fuerza hegemónica a través de la incorporación de consensos por medio de las Cámaras Legislativas, centro de discusión y entendimiento político por excelencia.

En definitiva, la revisión que del sistema venezolano no consiste en su sistema de gobierno, es decir, las condiciones teóricas en las que se debata entre presidencialismo o parlamentarismo, más bien reside en la transformación de la cultura política, vale decir, el desmontaje del caudillismo, que no pasa por desmantelar al Presidente de sus atribuciones, sino que, consiste en hallar cómo fortalecer al Poder Legislativo y lograr descomponer la influencia de la Fuerza Armada en la mentalidad del venezolano con su clase política, en cómo exterminar aquel concepto de heroísmo ligado exclusivamente a la gesta independentista o, lo que es lo mismo, a la gesta militarista.

A pesar de este compendio de caracterizaciones jurídicas y políticas, es conclusivo que la cultura política de Venezuela juega un papel importante en el desenvolvimiento del sistema, por tanto, de la interrelación del Legislativo con el Ejecutivo, vale la pena establecer dos premisas:

En primer lugar, históricamente el parlamento venezolano apenas está construyendo su composición de funcionamiento real, lo que hace un fuerte contraste con el surgimiento del parlamentarismo en Europa, que está ligado su devenir histórico y a la convivencia de las clases políticas con las monarquías, así como la implementación efectiva de herramientas como el voto de confianza del Parlamento para la conformación del Gobierno;

En segundo lugar, la reforma o el mejoramiento de la calidad de las instituciones políticas pasa por revisar las propias fuentes culturales del establecimiento del poder real, en la medida que se estudie a la Ingeniería

Constitucional como un efecto y no como una causa de la realidad política actual se tenderá a conseguir mejores vías de revisión sistemática, es decir, la pretensión de transformar el sistema presidencial venezolano —de 200 años de ensayos y errores— hacia un modelo parlamentario conllevaría a otro período de aciertos y errores que, lejos de superar las deficiencias del sistema venezolano, más bien terminaría por sentenciar ese proyecto a su deformación en favor de la cultura política nacional.

REFERENCIAS

Álvarez, A. (1998) *Forma de Elección y Fortalecimiento Institucional de la Institución Presidencial Venezolana: La Reelección Sucesiva y el Mecanismo de Segunda Vuelta.* Caracas, Venezuela: Fundación Konrad Adenauer, COPRE.

Aragón, M. (1999) *Constitución y control del poder: Introducción a una teoría constitucional del control.* Bogotá, Colombia: Universidad del Externado de Colombia.

Aragón, M. y Gómez, Á. (2005) *El Gobierno Problemas constitucionales.* Madrid, España: Centro de Estudios Políticos y Constitucionales. Mº de la Presidencia.

Asamblea Nacional Constituyente de Venezuela (1999) *Constitución de la República Bolivariana de Venezuela.* Caracas, Venezuela.

Asamblea Nacional de la República Bolivariana de Venezuela (2010) *Ley de Partidos Políticos, reuniones públicas y manifestaciones.* Caracas, Venezuela: Gaceta Oficial No 6.013 Extraordinario.

Asamblea Nacional de la República Bolivariana de Venezuela (2010) *Reforma Parcial del Reglamento Interior y de Debates de la Asamblea Nacional.* Caracas, Venezuela.

Asamblea Nacional de la República Bolivariana de Venezuela. (2010) *El Poder Legislativo en la Historia.* Caracas, Venezuela: Dirección de Archivos y Biblioteca.

Aveledo, G. (2013) *Curso de Derecho Parlamentario.* Caracas, Venezuela: Universidad Católica Andrés Bello.

Bobbio, N. (1986) *El futuro de la democracia.* México DF, México: Fondo de Cultura Económica.

Bobbio, N. (1992) *La teoría de las formas de gobierno en la historia del pensamiento político.* México DF, México: Fondo de Cultura Económica.

Breda, T. (2016) *Brasil: crónica de un impeachment anunciado. Los colores de un país escindido.* Buenos Aires, Argentina: Revista Nueva Sociedad. Número 263, mayo-junio de 2016.

Brewer-Carias, A. (2005) *El sistema presidencial de gobierno en la Constitución de Venezuela de 1999 Notas para un Curso en la Pontificia Universidad Javeriana, Bogotá, 2005.* [En Red]. Disponible en: http://allanbrewercarias.com/wp-content/uploads/2010/10/62.-I-2-64.-El-sistema-presidencial-en-Venezuela-20-05-05-curso-Bogot%C3%A1.doc.pdf . Consulta realizada en 05 de febrero de 2018.

Brewer-Carías, A. (2014) *Constituciones Iberoamericanas: Venezuela.* México DF, México: Universidad Nacional Autónoma de México.

Bruner, P. (2012) *Acerca del Concepto de Representación Política.* París, Francia: Université París Ouest Nanterre.

Cabanellas, G. (2006) *Diccionario Enciclopédico de Derecho Usual.* Buenos Aires, Argentina: Heliasta.

Carpizo, J. (2006) *Características esenciales del Sistema Presidencial e influencias para su instauración en América Latina.* México DF, México: Boletín mexicano de Derecho comparado. Volumen 39, Número115, Enero-Abril 2006.

Centro Nacional de Historia (2011) *Revolución de Independencia: el camino hacia la liberación de Venezuela.* Caracas, Venezuela: Revista Memorias de Venezuela, Número 20, Junio de 2011.

Centro Nacional de Historia. (2011) *La Revolución de Independencia 1795-1830.* Caracas, Venezuela: Fundación Centro Nacional de Historia.

Consejo Nacional Electoral de la República Bolivariana de Venezuela (2019) *Elecciones 1989, 1992, 1993, 1995, 1998, 1999 Y 2000 Venezuela, Cuadro Comparativo.* [En

Red]. Disponible en: www.cne.gob.ve/web/documentos/estadisticas/e009.pdf . Consulta realizada el: 26 de enero de 2019.

Consejo Nacional Electoral de la República Bolivariana de Venezuela (2019) *Divulgación-Elecciones Parlamentarias 2005.* [En Red]. Disponible en: http://www.cne.gob.ve/int_divulgacion_parlamentarias/index_principal.php . Consulta realizada el: 26 de enero de 2019.

Consejo Nacional Electoral de la República Bolivariana de Venezuela (2019) *Elección Presidencial-3 de diciembre de 2006.* [En Red]. Disponible en: http://www.cne.gob.ve/divulgacionPresidencial/resultado_nacional.php . Consulta realizada el: 26 de enero de 2019.

Consejo Nacional Electoral de la República Bolivariana de Venezuela (2019) *Divulgación Elecciones Parlamentarias 26 de Septiembre de 2010.* [En Red]. Disponible en: http://www.cne.gob.ve/divulgacion_parlamentarias_2010/ . Consulta realizada el: 26 de enero de 2019.

Consejo Nacional Electoral de la República Bolivariana de Venezuela (2019) *Divulgación Presidencial 2012.* [En Red]. Disponible en: http://www.cne.gob.ve/divulgacion_presidencial_2012/ . Consulta realizada el: 26 de enero de 2019.

Consejo Nacional Electoral de la República Bolivariana de Venezuela (2019) *Divulgación Presidencial 2013.* [En Red]. Disponible en: http://www.cne.gob.ve/divulgacion_presidencial_2013/ . Consulta realizada el: 26 de enero de 2019.

Consejo Nacional Electoral de la República Bolivariana de Venezuela (2019) *Divulgación Elecciones Asamblea 2015.* [En Red]. Disponible en: http://www.cne.gob.ve/divulgacion_asamblea_2015/ . Consulta realizada el: 26 de enero de 2019.

Consejo Nacional Electoral de la República Bolivariana de Venezuela (2019) *Divulgación de Resultados Elecciones 2018.* [En Red]. Disponible en: http://www4.cne.gob.ve/ResultadosElecciones2018/ . Consulta realizada el: 26 de enero de 2019.

Enriquez, G. (2006) *El control político como requisito del Estado constitucional. Evolución histórica.* Revista Criterio Jurídico, Volumen 1, Número 6, 2006.

Escuela de Formación Integral de la Asamblea Nacional "Dr. Carlos Escarrá Malavé". (2015) *Introducción al Derecho Parlamentario.* Caracas, Venezuela: Asamblea Nacional de la República Bolivariana de Venezuela.

Estado Plurinacional de Bolivia (2009) *Constitución Política del Estado Boliviano.* [En Red]. Disponible en: https://www.oas.org/dil/esp/Constitucion_Bolivia.pdf . Consulta realizada en 15 de enero de 2019.

Estados Unidos Mexicanos (1917) *Constitución Política de los Estados Unidos Mexicanos.* [En Red]. Disponible en: http://pdba.georgetown.edu/Constitutions/Mexico/textovigente2008.pdf . Consulta realizada en 15 de enero de 2019.

Fernández, J. (1998) *La Reforma Constitucional del Presidencialismo. La incorporación de la Figura del Primer Ministro.* Caracas, Venezuela: Fundación Konrad Adenauer, COPRE.

Fernández, J. (2010) *Temas de Derecho Constitucional.* Mérida, Venezuela: Universidad de Los Andes.

Frailán, P. (2014) *Venezuela: Historia y Política.* [En Red]. Disponible en: http://venezuelahistoriaypolitica.blogspot.com/2014/04/la-segunda-republica.html . Consulta realizada el: 16 de enero de 2019.

García, M. (1950) *Derecho Constitucional.* Madrid, España: Revista de occidente.

García, M. (2010) *Instrumentos de control constitucional del poder político del Ejecutivo.* México DF, México: Revista de Postgrado Matices, Volumen 5, Número 12, 2010.

Hernández, R., Fernández C. y Baptista, P. (2010) *Metodología de la Investigación*. Caracas, Venezuela: Mc Graw Hill.

Hobbes, T. (1982) *Leviatán.* Bogotá, Colombia: Editorial Skla.

Huerta, C. (2010) *Mecanismos constitucionales para el control del poder político.* México DF, México: Instituto de Investigaciones Jurídicas. Universidad Nacional Autónoma de México.

Iribarren, H. (2001) *La noción de República en Francia y en Venezuela*. Caracas, Venezuela: El Nuevo Derecho Constitucional Venezolano. Ponencias presentadas en el IV Congreso Venezolano de Derecho Constitucional, en homenaje al doctor Humberto José La Roche. Universidad Católica Andrés Bello.

Jiménez, R. (2011) *La Inmunidad Parlamentaria en la Constitución de la República Bolivariana de Venezuela.* Valencia, Venezuela: Vadell Hermanos Editores.

Lario, Á. (1999) *Monarquía constitucional y gobierno parlamentario.* Madrid, España: Revista de Estudios Políticos, Nº 106, 1999.

Leal, S. (2012) *Los ministros en el régimen presidencial venezolano.* Maracaibo, Venezuela: Revista de Filosofía Jurídica, Social y Política Instituto de Filosofía del Derecho Dr. J.M. Delgado Ocando, Volumen 19, Número 1, 2012: 49 – 73.

Llanos, M. (2003) *El bicameralismo en América Latina.* Montevideo, Uruguay: Konrad-Adenauer-Stiftung Asociación Civil.

Lobo, R. (2005) *Bolívar y la Segunda República. Un ensayo de historia militar y política.* Mérida, Venezuela: Escuela de Historia, Facultad de Humanidades y Educación, Universidad de Los Andes.

Locke, J. (2014) *Segundo Tratado sobre el Gobierno Civil.* Madrid, España: Alianza Editorial.

Mainwaring, S. (1995) *Presidencialismo, Multipartidismo y Democracia: La Difícil Combinación.* La Rioja, España: Revista de Estudios Políticos. Número 88. Abril-Junio 1995.

Martínez, E. (2018) *¿Qué ocurre con el Registro Electoral?* Caracas, Venezuela. Recuperado en https://prodavinci.com/que-ocurre-con-el-registro-electoral/ . Consulta realizada el: 05 de febrero de 2019.

Neira, E. (2006) *Venezuela: IV y V Repúblicas.* Mérida, Venezuela: Vicerrectorado Académico, Universidad de Los Andes.

Niño, V. (2011) *Metodología de la investigación. Diseño y ejecución*. Bogotá, Colombia. Ediciones de la U.

Nohlen, D. (1991) *Presidencialismo Vs. Parlamentarismo en América Latina. Notas sobre el debate actual desde una perspectiva comparada.* [En Red]. Disponible en: https://dialnet.unirioja.es/descarga/articulo/27142.pdf. Consulta realizada el: 05 de diciembre de 2016.

Oberto, L. (1998) *La Reforma del Congreso en la Reforma General de la Constitución.* Caracas, Venezuela: Fundación Konrad Adenauer, COPRE.

Ossorio, M. (2006) *Diccionario de Ciencias jurídicas, políticas y sociales.* Buenos Aires, Argentina: Heliasta.

Perdomo, R. (2005) *Metodología de la Investigación Jurídica.* Mérida, Venezuela: Universidad de Los Andes. Consejo de Publicaciones.

Planas, P. (1997) *Regímenes políticos contemporáneos.* Lima, Perú: Fondo de Cultura Económica.

Portero, J. (1991) *Sobre la Representación Política.* La Coruña, España: Revista del Centro de Estudios Constitucionales. Número 10. Septiembre-Diciembre 1991.

Presidencia de la República Bolivariana de Venezuela (2014) *Decreto N.º 1.424 con Rango, Valor y Fuerza de Ley Orgánica de la Administración Pública.* Caracas, Venezuela. Gaceta Oficial N.º 6.147 Extraordinario.

Redacción EC. (2017) *Venezuela: Congreso aprueba moción de censura a Ministro por "violación" a los derechos humanos*. Lima, Perú: El Comercio. Recuperado en https://elcomercio.pe/mundo/latinoamerica/venezuela-parlamento-opositor-aprueba-mocion-censura-Ministro-violacion-derechos-humanos-432951 Consulta realizada el: 05 de febrero de 2019.

República Argentina (1994) *Constitución de la Nación Argentina.* [En Red]. Disponible en: http://pdba.georgetown.edu/Parties/Argentina/Leyes/constitucion.pdf . Consulta realizada en 15 de enero de 2019.

República de Chile (2005) *Constitución Política de la República de Chile.* [En Red]. Disponible en: http://www.oas.org/dil/esp/constitucion_chile.pdf . Consulta realizada en 15 de enero de 2019.

República de Colombia (1991) *Constitución Política de Colombia.* [En Red]. Disponible en: http://www.corteconstitucional.gov.co/inicio/Constitucion%20politica%20de%20Colombia.pdf . Consulta realizada en 15 de enero de 2019.

República de Costa Rica (1949) *Constitución Política de la República de Costa Rica.* [En Red]. Disponible en: https://www.oas.org/dil/esp/Constitucion_Costa_Rica.pdf . Consulta realizada en 15 de enero de 2019.

República de El Salvador (1983) *Constitución de la República de el Salvador.* [En Red]. Disponible en: https://www.oas.org/dil/esp/Constitucion_de_la_Republica_del_Salvador_1983.pdf . Consulta realizada en 15 de enero de 2019.

República de Guatemala (1993) *Constitución Política de la República de Guatemala.* [En Red]. Disponible en: https://www.oas.org/juridico/mla/sp/gtm/sp_gtm-int-text-const.pdf . Consulta realizada en 15 de enero de 2019.

República de Honduras (1982) *Constitución Política de la República de Honduras.* [En Red]. Disponible en: https://www.oas.org/dil/esp/constitucion_de_honduras.pdf . Consulta realizada en 15 de enero de 2019.

República de Nicaragua (1987) **Constitución Política de la República de Nicaragua.** [En Red]. Disponible en: https://www.oas.org/juridico/spanish/mesicic3_nic_const.pdf . Consulta realizada en 15 de enero de 2019.

República de Panamá (1972) **Constitución Política de la República de Panamá.** [En Red]. Disponible en: http://www.oas.org/es/sla/ddi/docs/acceso_informacion_base_dc_leyes_pais_P_6.pdf . Consulta realizada en 15 de enero de 2019.

República del Ecuador (2008) **Constitución de la República del Ecuador.** [En Red]. Disponible en: https://www.acnur.org/fileadmin/Documentos/BDL/2008/6716.pdf . Consulta realizada en 15 de enero de 2019.

República del Paraguay (1992) **Constitución Nacional de la República del Paraguay.** [En Red]. Disponible en: https://www.wipo.int/edocs/lexdocs/laws/es/py/py013es.pdf . Consulta realizada en 15 de enero de 2019.

República del Perú (1993) **Constitución Política del Perú.** [En Red]. Disponible en: https://www.oas.org/juridico/spanish/per_res17.pdf . Consulta realizada en 15 de enero de 2019.

República Federativa del Brasil (1988) **Constitución Política de la República Federativa del Brasil.** [En Red]. Disponible en: https://www.wipo.int/edocs/lexdocs/laws/es/br/br117es.pdf . Consulta realizada en 15 de enero de 2019.

República Oriental del Uruguay (1967) **Constitución Política de la República Oriental del Uruguay.** [En Red]. Disponible en: http://pdba.georgetown.edu/Parties/Uruguay/Leyes/constitucion.pdf . Consulta realizada en 15 de enero de 2019.

Rey, J. (2002) **Consideraciones políticas sobre un insólito golpe de Estado.** Mérida, Venezuela: Revista Venezolana de Ciencia Política. Número 21. Enero-Junio 2002.

Riaño, C. (2014) *El General José Antonio Páez y la disolución de la Gran Colombia*. Bogotá, Colombia: Maestría en Ciencias Políticas, Universidad Católica de Colombia.

Rodríguez, C. (1997) *Norberto Bobbio y el futuro de la democracia.* [En Red]. Disponible en: https://www.icps.cat/archivos/WorkingPapers/WP_I_125.pdf?noga=1 . Consulta realizada el: 08 de julio de 2017.

Rodríguez, F. (1996) *Política, militares y democracia en Venezuela.* Caracas, Venezuela: Instituto de Estudios Políticos, Universidad Central de Venezuela.

Rousseau, J. (1980) *Contrato Social.* Madrid, España: Espasa-Calpe.

Sánchez, F., Nolte, D., Llanos, M. (2005) *Bicameralismo, Senados y senadores en el Cono Sur latinoamericano.* Barcelona, España: Publicaciones del Parlamento de Cataluña. Instituto de Ciencias Políticas y Sociales, adscrito a la Universidad Autónoma de Barcelona.

Sartori, G. (1996) *Ingeniería constitucional comparada.* México DF, México: Fondo de Cultura Económica.

Sartori, G. (2005) *Parties and Party Systems.* Colchester, UK: ECPR Press.

Sartoti, G. (1999) *Elementos de teoría política.* Buenos Aires, Argentina: Ciencias Sociales Alianza Editorial.

Sotelo, I. (1977) *Modelos de explicación del militarismo latinoamericano: una explicación histórica.* La Rioja, España: Revista de Sociología de la Universidad de La Rioja, Número 7.

Valadés, D. (1998) *El Poder de Controlar.* México DF, México: Liber ad honorem Sergio García Ramírez, Tomo I, Instituto de Investigaciones Jurídicas. Universidad Nacional Autónoma de México.

Valadés, D. (2005) *El Gobierno de Gabinete.* México DF, México: Instituto de Investigaciones Jurídicas. Universidad Nacional Autónoma de México.

Valadés, D. (2008) *La Parlamentarización de los Sistemas Presidenciales.* México DF, México: Instituto de Investigaciones Jurídicas. Universidad Nacional Autónoma de México.

Valenzuela, A. (1998) *Presidencialismo y Parlamentarismo en América Latina. Colección Temas de la Democracia. Series Conferencias Magistrales.* [En Red]. Disponible en: http://www.ife.org.mx/documentos/DECEYEC/conferencias8.htm#presiden Consulta realizada el: 05 de diciembre de 2016.

Zambrano, F. (2004) *Constitución de la República Bolivariana de Venezuela Comentada.* Caracas, Venezuela: Editorial Atenea.

Zerpa, J. (1998) *Las Fuerzas Armadas y la Democratización Nacional 1945-1948.* Mérida, Venezuela: Alcaldía del Distrito Sucre, Consejo de Publicaciones de la Universidad de Los Andes.

SOBRE EL AUTOR

Gustavo M. Sayago nació el 29 de febrero de 1988 en San Cristóbal, Venezuela. Se recibió como Abogado (2014) y como Magister en Ciencias Políticas (2019) en la Universidad de Los Andes. En 2014 fue distinguido con la Orden José Félix Ribas del Concejo Municipal de Libertador, de Mérida, estado Mérida como reconocimiento a su actividad política juvenil. Desde 2016 ejerció como Profesor de las cátedras de Deontología Jurídica y de Derecho Parlamentario en la Escuela de Derecho de la Universidad de Los Andes. Actualmente realiza estudios de Doctorado en Ciencia Política en la Universidad de la República en Montevideo, Uruguay.